COMMENT DEVENIR **INFLUENCEUR ?**

by MAGALI BERDAH
en collaboration avec
Michelle Mbanzoulou

COMMENT DEVENIR INFLUENCEUR ?

6É ÉDITIONS

Sommaire

Comment J'ai réussi

«C'est quoi Snapchat?» : voilà une question que j'ai posée en 2016 à des candidats de télé-réalité et qui, aujourd'hui, me fait rire. À l'époque, je rencontre Jazz Correia, puis Vivian Grimigni. Eux sont des stars du petit écran et moi, je suis paumée entre une dépression, des soucis et une société qui vacille. Quand Jazz me dit qu'elle a rendez-vous dans un hôtel, derrière mon bureau à Nice, pour leur faire de la promotion sur les réseaux sociaux en échange de nuits gratuites, je lui demande : « Pourquoi ne pas te faire rémunérer ? » Comme un challenge, je lui obtiens un cachet. Et voilà comment j'ai démarré ! Je me suis dit qu'il y avait un vrai business à faire. Déjà courant aux États-Unis, mais pas du tout développé et assumé en France. Alors j'ai observé, j'ai étudié et je me suis lancée ! De toute manière, j'étais déjà au plus bas, je n'avais plus rien à perdre... Quelques mois plus tard, c'est la naissance de Shauna Events. Quelques années plus tard, je suis à la tête d'une des sociétés leader du marché dans ce domaine et les réseaux sociaux n'ont plus aucun secret pour moi!

Je suis née à Lyon. J'ai grandi auprès de mes grands-parents à Saint-Tropez. Si vous voulez des détails, vous les trouverez dans *Ma vie en réalité*, ma biographie sortie en juin 2018. J'y raconte mon enfance entre rires et larmes. Mon parcours professionnel, la maternité et comment mes trois filles, Shauna, Victoria et Shelly, ont changé ma vie... Pour l'anecdote, sachez que lors de la sortie de l'édition poche de mon premier ouvrage, j'ai choisi une nouvelle photo pour la couverture. Cette photo me tenait particulièrement à cœur. Sur ce cliché, on voit une porte. Cette porte, c'est la devanture du restaurant de mes grands-parents, saisonniers à Saint-Tropez. Les moments passés derrière ce numéro 18 ont été parmi les plus beaux de ma vie. Cette porte, cet endroit est encore un repère pour moi. C'est là où j'ai passé mon enfance à jouer, à rire et à aimer ma vie, toujours protégée par mes grands-parents. J'y vais quand j'ai besoin de me ressourcer et... ça marche à chaque fois. Bref : dans *Ma vie en réalité*, je me suis livrée sur la personne que j'ai été, celle que je suis aujourd'hui et celle que j'ai envie d'être pour le futur.

Moi, le futur, je le multiplie. D'abord avec mes trois filles qui sont trois sources de bonheur inégalable. Puis, avec Shauna Events et les différentes filiales du groupe. Cette société a changé ma vie. Sachez que je travaille depuis mon plus jeune âge. J'ai fait beaucoup de petits boulots, mais toujours dans le commerce. J'aime le changement, j'aime le mouvement, mais surtout : j'aime être bonne dans tout ce que j'entreprends. Il y a quelque temps, je faisais une conférence et j'ai dit aux étudiants qui me faisaient face : «Je suis une commerciale dans l'âme et je le serai toujours». Je le pense sincèrement. J'ai été vendeuse en boutiques, puis courtière en assurances. Hélas, quelque temps avant Shauna Events, les lois concernant les mutuelles ont changé et ma société a coulé. J'ai accumulé les dettes, mais une chose est sûre : je n'ai jamais rien lâché.

OSEZ ! Saisissez les opportunités
et transformez l'essai !

Shauna Events est arrivée à ce moment-là. Cette société est née de rencontres, d'amitiés... Et de volonté, d'opportunités. Je dis souvent que Shauna Events est une chance, mais pas seulement. Au moment où j'ai rencontré Jazz et que j'ai négocié son premier cachet, j'ai su saisir une opportunité. Je me dis souvent que si je n'avais pas osé, je n'en serais pas là.

Évidemment, avec le recul, c'est plus facile à écrire et pourtant, j'ai vu un marché où il n'y avait personne. Ne croyez pas que tout a été simple. Non. Monter cette société, créer une structure, faire comprendre ce que je faisais aux acteurs du marché, tout ça a demandé du temps et en demande encore. Mais je suis fière d'exercer ce métier. J'ai toujours un peu de mal à le définir. Il ne tient pas en un mot, ni en deux. Je suis à la tête d'une agence de communication et de marketing digital qui élabore des collaborations entre des influenceurs et des marques. Cette activité et ce business-model, certains disent que je les ai créés. Je n'ai pas cette prétention. Quand je regarde en arrière, je me rends compte qu'influenceur est un mot que personne n'avait en bouche il y a de ça quelques années. Personne ne se définissait de la sorte. Aujourd'hui, je suis heureuse de me dire qu'être « influenceur » est devenu monnaie courante et rêver de « devenir influenceur » une ambition, comme celle d'être dentiste ou vétérinaire.

Comme je l'ai dit plus haut, le futur, je le multiplie. Aujourd'hui, Shauna Events n'est plus cantonnée à la télé-réalité. J'ai ouvert différents départements pour coller au mieux aux profils de mes influenceurs et aux demandes des marques. Des chanteurs, des animateurs, des Youtubeurs, des sportifs m'ont ainsi rejoint dans l'aventure Shauna Events. Et quelle aventure ! Cette multiplication de profils m'a aussi demandé une tout autre organisation. Je ne l'ai jamais caché, j'ai fusionné avec un grand groupe, Banijay. Cette association m'a permis de structurer mon entreprise comme je le voulais, de pouvoir me projeter à l'international, et de concrétiser une idée qui me trottait en tête : Victoria Talents, une plateforme de mise en relation pour les micro-influenceurs et les marques. Depuis son lancement en janvier 2019, Victoria Talents est un joli succès, et les micro-influenceurs sont de plus en plus nombreux à s'y inscrire. C'est aussi pour moi une autre façon de dégoter l'influenceur de demain et de faire mon métier.

D'ailleurs, quand je parle des influenceurs, je parle aussi de métier. Oui, les influenceurs font rêver. Leurs noms, leurs vies, leurs feed Instagram font fantasmer. Mais être influenceur, ce n'est pas seulement faire des photos et créer un beau contenu ; c'est aussi avoir une histoire, et une personnalité tellement forte qu'elle interpelle ! Dans chaque domaine, vous pouvez être influenceur. Il faut savoir attirer l'attention, et le faire naturellement et sincèrement... là est la clé pour être un INFLUENCEUR. Le public oublie parfois que c'est beaucoup de travail. Un influenceur teste les produits qu'il reçoit, en cherche les qualités et les défauts. L'influenceur doit aussi proposer des bons plans qui vont plaire à sa communauté et, la communauté, c'est le moteur d'un influenceur. Échanger avec elle, lui parler, la conseiller, ça prend aussi du temps. Certains d'entre eux sont inondés de centaines, voire de milliers de messages chaque jour. Pourtant, ils prennent le temps de répondre au maximum pour satisfaire les demandes.

Et puis, ce que le public ignore souvent, c'est que les influenceurs ne se reposent pas sur leurs lauriers. Ils sont nombreux à créer des entreprises, créer de l'emploi et créer eux-mêmes des produits qui plairont au public. Nabilla Benattia a ainsi lancé sa marque de cosmétiques, Jessica Thivenin de bougies et de parfum, d'autres ont des boutiques, des restaurants, des salons d'esthétiques. Tout ça demande du temps, de la passion et surtout, de l'envie. Parce qu'il est là aussi le secret des influenceurs : l'envie. Sans envie de partager, il n'y a pas de bon influenceur.

L'envie et la passion, c'est aussi ce qui me motive chaque jour à avancer ! Certains diront ambition : et pourquoi pas ? Je n'ai pas à rougir de ma réussite. J'ai travaillé durement pour en arriver là. Tout n'a pas été toujours rose et je ne vais pas cacher le fait que je sois heureuse d'avoir conquis un marché !

> Quand on me demande ce qui fait qu'un influenceur est bon, je réponds souvent que **la sincérité est l'une des premières qualités.**

Et puis tout ça, je l'ai fait avec mon cœur et, parfois, je me dis que c'est peut-être l'une des clés de la réussite. Quand on me demande ce qui fait qu'un influenceur est bon, je réponds souvent que la sincérité est l'une des premières qualités. C'est vrai. Je fonctionne beaucoup avec mon cœur, et j'aime l'authenticité des gens. Quand je rencontre quelqu'un, je sais rapidement analyser la personne que j'ai face à moi. Ses qualités, ses défauts... Que ce soit dans la vie professionnelle ou la vie personnelle. Par exemple, j'ai raconté comment Ayem Nour était devenue comme une sœur pour moi en peu de temps. La confiance m'aide à avancer. Alors, je pense que marcher avec son cœur, ça a du bon ! C'est certainement pour ça que les influenceurs cartonnent aujourd'hui : avec leur cœur, ils partagent leurs vies et leurs bons plans et ça plait !

D'ailleurs, c'est peut-être pour ça que le cœur est l'émoji que j'utilise le plus sur mes réseaux sociaux... Ah, mes réseaux. Vous savez lequel est mon préféré ? Snapchat. J'aime aussi Instagram et la beauté des feeds des influenceurs. Mais, sur Snapchat, il y a une certaine liberté qui me plait. Et puis, beaucoup de femmes me suivent sur ce réseau. J'aime recevoir leurs commentaires, répondre, échanger. C'est aussi ça la beauté des réseaux sociaux. Évidemment, il y a des côtés négatifs : recevoir des critiques, se faire insulter, juger... Mais il faut effacer le négatif pour ne garder que le positif. Des gens nous aiment, nous suivent et ça, c'est une chance au quotidien. J'ai fait des rencontres, j'ai eu des conversations que je n'aurais jamais pu avoir sans les réseaux sociaux.

Alors, j'oublie vite les haters ! Et vous, je vous conseille de faire de même ! À travers un ordinateur ou un téléphone, les gens se sentent invincibles. Prouvez aux haters que vous n'êtes pas touché par leurs commentaires et leur bêtise. Ça, c'est une grande force.

Une autre question que l'on me pose souvent me vient en tête : quel est l'objet qui est indispensable à ma vie ? Et je réponds toujours en riant : mon téléphone. Si vous m'avez déjà croisé, vous avez pu remarquer que je l'ai toujours à la main (ou à l'oreille). Je ne m'en sépare jamais. C'est mon outil de travail. Le seul moment où il est coupé, c'est dans l'avion... Et, c'est toujours une aventure de devoir répondre à tous les messages que j'ai pu recevoir en quelques heures de vol.

Vous savez ce que j'aime aussi ? Faire de la télévision. Chaque semaine, je suis chroniqueuse dans *Touche pas à mon poste*, *TPMP People*, *TPMP Ouvert à tous* sur C8. Ce sont des programmes auxquels je participe depuis un moment maintenant. Pour moi, c'est le seul endroit où je peux m'exprimer librement et où l'on me donne la chance de défendre mon métier qui a aujourd'hui une place intégrante dans le monde de l'audiovisuel. J'y prends toujours un plaisir immense et me retrouver sur les plateaux entourés de chroniqueurs et de public me remplit toujours autant de joie. Je ris, je danse, je commente l'actualité, et j'aime ça ! La télévision est un média que l'on a dit enterré par les réseaux sociaux. Je ne suis pas d'accord. Aujourd'hui, on peut cohabiter sans souci. Pour preuve : les animateurs font du placement de produits sur les réseaux et ont leur communauté qui les suit à l'antenne, et sur Instagram ou Snapchat. Finalement, je pense que les réseaux sociaux sont une extension de la télévision, et c'est l'occasion de faire vivre les aventures de chacun au-delà du petit écran.

Magali Berdah

les
Influenceurs

JESSICA THIVENIN est une influenceuse et une candidate de téléréalité. En 2014, elle fait sa première télévision dans *Les Marseillais à Rio* sur W9. Depuis, elle est un visage phare des émissions de la chaîne. Aujourd'hui, avec plus de 4 millions de followers sur Instagram, Jessica Thivenin est la candidate de téléréalité la plus suivie de France, l'une des personnalités les plus likées sur Instagram, considérée comme une influenceuse de référence. Depuis plusieurs années, elle partage la vie de Thibaut Garcia, devenu son époux en décembre 2018. Début 2019, elle sort son autobiographie *C'est tout moi*, dans laquelle elle retrace son parcours médiatique et se livre sur sa vie privée.

NABILLA BENATTIA a été une candidate emblématique de la téléréalité en France. Dorénavant, c'est en tant qu'influenceuse et égérie mode qu'elle s'épanouit. Sur ses réseaux sociaux, elle cumule les millions de followers, de likes et de commentaires. En 2018, forte de sa notoriété et portée par des envies d'entreprendre, Nabilla développe DayofSwim, une marque de maillots de bain, et surtout, NabCosmétics, sa marque de rouges à lèvres. Aujourd'hui, son statut d'icône de mode est reconnu de tous.

CARLA MOREAU a débarqué sur nos écrans télé à tout juste 18 ans. Rapidement, sa love story avec Kevin Guedj passionne les fans des Marseillais. Sur son compte Instagram, elle partage ses plus beaux looks et sa passion pour la mode. Grâce à sa fraîcheur, son quotidien passionnant et sa personnalité attachante, Carla Moreau compte 2 millions de followers sur Instagram et des millions de vues sur Snapchat chaque jour. La naissance prochaine de son premier enfant, fruit de son amour avec Kevin Guedj, ne va pas manquer d'alimenter ses différents comptes.

AYEM NOUR est une influenceuse, animatrice de télévision et ancienne star de la téléréalité. Suite à son passage retentissant dans une célèbre émission de TF1, Ayem devient l'un des visages les plus importants de la téléréalité en France. Maman d'un petit garçon, Ayem partage son quotidien avec ses followers (1,2 million sur Twitter et près d'un million sur Instagram). Elle est l'une des personnalités françaises les plus influentes sur le social media et n'hésite pas à rassurer et encadrer les jeunes influenceurs. Ayem prépare d'ailleurs activement un nouveau projet secret connu sous le nom de code « IM » qui devrait faire beaucoup parler dans les prochains mois.

JAZZ CORREIA apparaît pour la première fois à la télévision dans *Qui veut épouser mon fils* sur TF1, en 2015. Après différents programmes télé, elle est aujourd'hui la star de *MyStory*, une websérie visible sur MyTF1. Avec son époux, Laurent Correia, et ses deux enfants, Chelsea et Cayden, elle vit à Dubaï. Sur Instagram, Jazz est une « mum influenceuse » suivie par plus d'un million de personnes.

LAURENT CORREIA n'est pas un visage connu de la téléréalité française, puisqu'il n'a fait qu'un programme sur TFX. En revanche, sa vie sur les réseaux sociaux est extrêmement suivie. Marié à Jazz Correia, star du petit écran, Laurent Correia est aussi l'heureux papa de Chelsea et Cayden. Il est le créateur de l'application de paris sportifs Billionaire Pronos. Sur MyTF1, dans la websérie *My Story*, Laurent et Jazz partagent les grands moments de leur vie de famille : mariage, naissance, fêtes de Noël. Avec 1,3 million de fans sur Instagram et quasiment autant sur Snapchat, Laurent Correia est aujourd'hui une personnalité incontournable de l'influence.

JULIEN TANTI est un candidat de téléréalité marseillais découvert dans le programme éponyme de W9 en 2012. Véritable « roi des problèmes », Julien est devenu l'un des candidats phare de l'émission où il rythme les aventures des sudistes grâce à son humour et à son bagout. Depuis plusieurs années, il partage sa vie avec Manon Marsault. Ensemble, ils ont un petit garçon, Tiago. Quelques semaines après sa naissance, les internautes ont pu suivre l'événement grâce à la websérie *Manon + Julien = bébé fraté* diffusé sur 6play quelques semaines après la naissance de Tiago.

OISEAU TYSON est un « snapchatteur » français habitant à Marseille. Son don : la communication avec les animaux. Il est capable de faire cohabiter des espèces qui ne s'entendent pas. Très engagé dans la cause animale, il profite de ses stories pour prodiguer ses conseils animaliers. Chaque jour, il alimente son compte Snapchat de vidéos avec ses animaux : Tyson, Snoopy, Coco le perroquet, sa colombe, Bibi le chevreuil ou encore Chanel, le jeune chiot. Il compte plus de 700 000 fans sur le réseau social Snapchat.

EMMA CAKECUP est une jeune Youtubeuse et influenceuse française. Elle débute ses vidéos en 2013 et devient très vite incontournable sur les réseaux sociaux. Aujourd'hui, elle est suivie par 1,4 million de « jeunes pousses », comme elle aime appeler ses abonnés sur Youtube, et 1,6 million sur Instagram. Très proche de sa communauté, Emma partage ses looks, ses humeurs et, surtout, son quotidien. Emma CakeCup est aussi présente en librairie avec deux tomes de sa propre BD et un livre de cuisine.

ADIL RAMI est un footballeur international français. À l'Olympique de Marseille, son club actuel, il évolue au poste de défenseur. Porteur du maillot de l'Équipe de France, il a participé à l'Euro en 2012, puis en 2016. En 2018, il remporte avec les bleus la Coupe du monde. Adil Rami n'a pas de compte Snapchat mais est fort de presque 1 million de followers sur Instagram.

BAPTISTE GIABICONI est un mannequin et acteur français. Il a défilé et posé pour différentes maisons de luxe, comme Chanel dont il a été l'égérie, Just Cavalli, Fendi ou encore Giorgio Armani. Il a participé à plusieurs émissions, notamment *Danse avec les stars* et *Top Chef célébrités*. Baptiste Giabiconi travaille actuellement sur la réalisation d'une série-documentaire sur Karl Lagerfield, *Karl is my father*. Très puissant sur les réseaux, son compte Instagram dépasse le 1,7 million de fans.

GIMS, anciennement Maître Gims, est un chanteur, rappeur et compositeur franco-congolais. Après les succès du groupe de rap Sexion d'Assaut, il sort son premier album solo *Subliminal* en 2013, qui s'écoule à un million d'exemplaires ; puis suivent deux albums *Mon cœur avait raison* et *Ceinture noire*, tous trois disques de Diamant. Il a vendu plus de 5 millions de disques, dont 2,3 millions d'albums depuis le début de sa carrière. La réédition de *Ceinture noire*, *Transcendance*, en avril 2019 est un succès. Gims est aujourd'hui un acteur incontournable de la scène et des réseaux français.

MATHIAS LAWAL est un réalisateur vidéo avec plus de 10 ans d'expérience en direction artistique. Ses productions médiatiques sont dirigées vers la publicité Web, la télévision et le cinéma. Il dirige 2witness production, une société de production vidéo basée à Paris depuis 4 ans. À travers son travail, il transforme et expérimente de nouveaux formats digitaux. Mathias Lawal offre ici son regard aiguisé pour créer et embellir ses réseaux sociaux.

Mais par où
je commence ?

Le jour où tu as dit oui !

Cela fait plusieurs mois que tu y penses... J'y vais, j'y vais pas ? Je me lance ? Alors, respire un grand coup et prends ton souffle, car cette fois-ci, c'est la bonne ! Oui, le grand jour est arrivé : ce livre entre tes mains n'y est pas par hasard et tu viens de commencer tes premiers pas dans le monde captivant des influenceurs... Tu adores faire des photos, partager tes spots préférés et tu souhaites gagner en visibilité ? Nous aussi ! Mais pour te lancer dans l'aventure, il te faut un plan d'attaque. Et une chance pour toi : ce plan, nous le partageons avec toi...

Tu nous suis ?

Définis ta stratégie en **3 étapes**

1. Choisis ton domaine

Cette étape, c'est le must. N'hésite pas à t'y consacrer plusieurs jours, tu gagneras un temps précieux par la suite. Avec toute la concurrence qui existe sur les réseaux sociaux actuellement, tu dois cerner les domaines dans lesquels les marques sont susceptibles de t'envoyer des produits ou d'utiliser ton image pour mettre en valeur la leur.

Le domaine de prédilection des influenceurs à travers le monde, c'est évidemment le lifestyle. Le lifestyle, c'est une grande famille qui inclut de nombreux sujets différents à traiter selon tes propres envies. Tu adores les vêtements, tu as toujours des idées de looks et tes amis te complimentent sur ton goût vestimentaire ? Alors, choisis la mode. Tu sais quelle couleur de fard à paupières mêler à quel rouge à lèvres, le tout en maîtrisant le contouring comme personne ? La beauté est faite pour toi. Tu as l'esprit d'un aventurier et tu es toujours partant pour découvrir de nouveaux lieux ? Il y a fort à parier que tu adoreras parler voyages. Si tu ne manques aucune séance de sport et que tu adores tester de nouveaux exercices et brûler un max de calories, le fitness sera sûrement ton dada. Pour les gourmands et autres gastronomes, la nourriture sera un excellent sujet. Si ton petit plaisir est d'agencer les meubles et de trouver le tableau parfait pour donner du peps à ton intérieur, pense à la déco.

Tous ces sujets lifestyle sont passionnants. Mais si tu veux devenir influenceur, je te conseille fortement de te concentrer sur seulement un ou deux d'entre eux, sans trop t'éparpiller. Si ta ligne éditoriale est claire, il te sera plus facile de gagner un statut d'influenceur, car tu feras preuve d'expertise sur un sujet précis. N'oublie pas que c'est toujours mieux de traiter d'un sujet en profondeur que de dix de manière superficielle !

| Magali Berdah

Mais rassure-toi : le lifestyle n'est pas la seule grande thématique intéressante pour les influenceurs, loin de là ! Tu peux également te lancer dans l'high tech, les livres, le cinéma, l'humour, l'art, l'écologie... Un large panel qui te permettra de rassembler des milliers de personnes autour de ta passion !

« Mieux vaut avoir 100 personnes qui vous aiment énormément qu'un million de personnes qui vous aiment de loin... »

Brian Chesky

Il faut aussi avoir conscience que ces grands domaines, même s'ils t'attirent, sont peut-être parfois un peu trop larges pour gagner rapidement un statut d'expert. Parfois, il vaut mieux se concentrer sur un aspect en particulier, ou alors se lancer dans un domaine d'influence qui est encore peu exploré par les autres social addicts. C'est ce qu'on appelle une niche. Par exemple, tu peux te spécialiser dans la cuisine vegan ou sans gluten, ou dans le yoga kundalini. L'important est de réussir à te différencier dans un univers digital surdéveloppé. Des sujets de niche auxquels on ne pense pas forcément, comme l'éducation, pour les enseignants qui souhaiteraient partager leurs best practices et tester des programmes éducatifs, ou encore la médecine douce et l'aromathérapie.

« *Si les gens me suivent, c'est parce que ce que je propose sort un peu de l'ordinaire. Personne ne faisait des Snaps avec ses animaux en France. Les gens m'ont dit que j'avais un don avec les animaux et ça les a fascinés. Quand on se lance dans l'influence, il faut rester dans ce qu'on sait faire, dans son registre. Et il faut que ça reste un amusement. C'est un métier qui ne doit pas être prise de tête.* »

Oiseau Tyson

« *Pour être influenceur, il faut être sincère et honnête. Les gens qui s'identifient à moi, je ne leur mens pas ; ils me font confiance et j'ai envie qu'ils continuent. C'est pour cela que je promeus uniquement des marques que j'aime et que mes followers peuvent aimer. Et puis, il ne faut pas prendre les gens de haut ; il faut rester soi-même !* »

Jessica Thivenin

| Jessica Thivenin

Ma parole d'experte !

Et la fidélité dans tout ça ? C'est la seule valeur sûre mais elle doit se mériter !

Pour que tes followers soient fidèles, tu dois choisir le type d'influenceur que tu veux être. Trendsetter, gourou ou blogger ? À toi de choisir !

2. Détermine l'influenceur que tu veux être

Oui, tu veux devenir influenceur. Mais as-tu réfléchi à quel type exactement ? Il en existe plusieurs et il est important de savoir faire la distinction entre chacun, afin de choisir celui qui te colle le mieux à la peau. On fait un petit état des lieux ?

Le blogger

Il fait partie des influenceurs experts, qui n'hésitent pas à aller au cœur du ou des sujets qui les intéressent. Le blogger a décidé de lancer son site pour avoir la liberté de créer un contenu qui lui ressemble et de rédiger des billets sur les sujets qu'il maîtrise. Parfois, il n'écrit pas sur son propre site mais sur d'autres, car il existe des sites collaboratifs où plusieurs personnes sont invitées à publier des articles. Le blogger peut se spécialiser dans tout type de domaine. Il peut être amateur ou professionnel (par exemple, un journaliste reconverti), mais ce qui le caractérise avant tout est de traiter des sujets qui l'inspirent à la manière d'un média, avec l'authenticité en plus. Le blogger aime écrire et sait qu'il devra passer plusieurs heures sur un post.

Le trendsetter

Il ne produit pas forcément du contenu. Le trendsetter est plutôt un faiseur de tendances, une personne tellement *in* qu'elle découvre les nouvelles modes avant tout le monde, et en lance même parfois. Son influence est très forte et sa créativité l'est tout autant.

Adil Rami

« *Je suis un influenceur, mais différent. Aujourd'hui, par rapport à mon parcours et à ma profession, j'ai une certaine visibilité. Il y a pas mal de jeunes qui me suivent et qui peuvent s'inspirer de moi, de ce que je porte et de ce que je dis. Donc, d'une certaine manière, j'influence.* »

Adil Rami

Le trendsetter est la personne qui réussira à changer le comportement de ses followers, en leur faisant par exemple adopter de nouvelles technologies ou en créant une nouvelle mode. Un certain nombre de célébrités sont des trendsetters, mais elles ne sont pas les seules. Si tu as un profil assez avant-gardiste, une curiosité sans pareille et que tu aimes être dans l'air du temps, tu peux devenir trendsetter en y mettant beaucoup de volonté. Il faut d'abord que tu montres ton expertise dans un domaine en particulier, et ta nouvelle notoriété fera le reste !

« *Être influenceur, c'est ne pas ressembler à tout le monde et ne pas avoir peur de se faire critiquer. On ne peut pas être aimé par tous.* »

Laurent Correia

« *Il ne faut pas avoir envie d'être un ou une autre. Au tout début des réseaux sociaux, tout le monde voulait faire comme Nabilla ou comme Julien Tanti. Et ça ne marchait pas ! Pourquoi ? Parce que nous avons tous une personnalité et une identité propre, et c'est ça que les gens viennent voir et aiment suivre. Alors, il ne faut ressembler à personne.* »

Jazz Correia

Jazz et Laurent Correia

Le gourou

Il ressemble un peu au blogger, au vu de son expertise reconnue dans un domaine et des conseils qu'il donne à sa communauté, mais il se différencie dans le fait qu'il ne tient pas forcément un blog. Et surtout, il est moins pédagogue qu'un blogger. Le gourou produit des contenus très variés sur les sujets de son choix. Il peut autant proposer des tutos à ses followers que donner son opinion sur une marque qu'il a testée ou conseiller un restaurant où il a passé un bon moment. Le gourou sait faire de ses tranches de vie une vraie force et les partage sans modération avec sa communauté. Si tu aimes tester plein de marques différentes et donner des conseils à travers quelques tutos bien placés, tu as le profil parfait !

3. Prépare ton contenu

« *YOU ARE WHAT YOU SHARE* »
« TU ES CE QUE TU PARTAGES »
Charles Leadbeater

Que vas-tu écrire ou quel genre de photos et posts vas-tu publier ? Et à quel rythme ? Ce ne sont pas des choses à prendre à la légère quand on souhaite devenir influenceur. Le plus urgent est de réfléchir à ce que tu vas publier, et sous quelle forme. Pour que les gens soient intéressés par ce que tu postes, il faut avant tout que ton contenu soit original et sorte du lot. Prends le temps de regarder ce que font les influenceurs déjà installés dans le domaine que tu as choisi pour voir ce qui marche le mieux, et adapte-le à ta personnalité. Les gens te suivront d'abord pour toi et ce que tu es. Alors reste toi-même !

L'astuce est de publier :

- Du contenu original et intéressant
- Du contenu qui te ressemble
- Du contenu inspirant que les autres auront envie de partager

Le choix de ton contenu va de pair avec ta cible. Qui veux-tu intéresser sur tes réseaux et qu'aiment-ils? Comme tu le verras plus tard, certains réseaux sont plus adaptés à une tranche d'âge que d'autres. Ton contenu ne sera peut-être pas le même ni présenté de la même manière suivant les personnes que tu veux atteindre. Garde en tête que ton contenu a une importance capitale. Il te sert à gagner de nouveaux followers, à fidéliser ceux qui te suivent déjà, à te démarquer de la concurrence, ou encore à inciter tes abonnés à l'action (par exemple, acheter un produit).

Jessica Thivenin |

« *Pour attirer les followers, je pense qu'il faut être quand même quelqu'un d'atypique et d'intéressant. Avoir une personnalité avec de vraies choses à partager.* »

Jessica Thivenin

Après ça, il faut savoir quand tu vas poster. C'est à cela que te sert ton calendrier éditorial, que je te conseille de mettre en place pour avoir une vue d'ensemble. Et là, tu te dis : « Un calendrier éditorial ? Késako ? » C'est tout simplement ce qui va te faire gagner des heures de travail.

Son objectif?

Obtenir une vision d'ensemble et prendre du recul sur tes publications et la cohérence de ton contenu. Il te permet de savoir quel message délivrer et à quel moment, pour ne jamais faire d'erreurs (ou presque !).

Sur quoi le faire ?

Sur Excel ou son équivalent Google Sheets, par exemple. Si tu préfères te tourner vers une application spécialisée, pourquoi ne pas essayer Trello, l'application de gestion de projet ? Il en existe d'autres. Alors, n'hésite pas à rechercher celle qui te paraîtra la plus intuitive !

Comment le faire ?

Tu peux décomposer ton calendrier en mois ou en semaine et le remplir au fur et à mesure, une fois par semaine. Tu peux, par exemple, choisir de t'y consacrer le dimanche et de prévoir tous tes posts de la semaine sur tous tes réseaux. Tu peux y ajouter les jours où tu publieras sur ton blog. Note-toi les jours fériés, les fêtes commerciales et religieuses, et tous les événements qui ont de l'importance dans ta vie. Ils pourront te servir d'inspiration pour ce que tu posteras ces jours-là. Si tu as déjà lancé tes réseaux, analyse tes statistiques pour mieux comprendre quel contenu plaît à tes followers et à quelle heure tu reçois le plus d'engagement (likes et commentaires).

Et en ce qui concerne la fréquence de publication ?

L'idéal est de publier régulièrement pour garder le contact avec tes abonnés. Ce peut être une fois par jour, une fois tous les deux jours, ou même deux à trois fois par jour. Ne va pas au-delà, au risque de fatiguer ton audience. À toi de faire des essais et de réadapter selon la réaction de tes abonnés ! Si tu gardes le même horaire de publication, c'est encore mieux. Tes followers sauront quand tu postes et guetteront tes publications avec impatience. Si tu veux, tu peux aussi programmer tes posts et laisser des applications les publier pour toi. Hootsuite et Buffer te seront dans ce cas très utiles.

Voici un exemple de planning pour t'inspirer :

Lundi
Une anecdote drôle ou émouvante de ton week-end

Mardi
Une photo de toi *on fleek*

Mercredi
Un article de ton blog ou une publication qui t'inspire

Jeudi
Un de tes souvenirs, avec le #TBT
(Throwback Thursday)

Vendredi
Une photo d'une de tes sorties, avec le #TGIF
(Thank God It's Friday)

Samedi
Une vidéo ou image drôle

Dimanche
Une citation qui te plaît.

Tu n'as plus qu'à te lancer !

Choisis **tes réseaux**

Ce n'est pas forcément un choix facile, mais quand tu te lances dans cette aventure, il est important que tu te concentres sur deux ou trois réseaux maximum. Le but pour toi est de ne pas avoir un planning de publication trop chargé. Or, comme tu le sais sans doute déjà, tenir régulièrement à jour un réseau prend beaucoup de temps. Alors plusieurs, c'est encore pire ! Garde en tête que la qualité est plus importante que la quantité.

Les Français parlent aux Français... et au monde entier !

37,5 millions de Français vont sur YouTube chaque mois.

48 % des utilisateurs ont entre 25 et 49 ans.

60 % des utilisateurs qui voient une vidéo en parlent et la partagent.

Youtube

Près de 2 milliards de personnes utilisent YouTube tous les mois, ce qui en fait le troisième site le plus visité au monde. Tous les jours, ce sont plus d'un milliard d'heures de vidéo qui sont regardées. Ce réseau permet de poster des vidéos plus ou moins longues sur les sujets qui te passionnent. Ces vidéos apparaissent sur ta chaîne et sont visibles par tous les internautes, qui peuvent les commenter et les noter. Grâce aux notifications, tes abonnés sont prévenus dès que tu postes une nouvelle vidéo. L'avantage de YouTube est qu'il permet à tes vidéos d'apparaître dans les recommandations des internautes qui visionnent du contenu similaire au tien. C'est notamment dû au titre de ta vidéo et aux tags que tu lui associes. Trouver un titre accrocheur est donc l'un des enjeux principaux pour attirer du public. Si tu adores monter des vidéos et que tu es à l'aise devant une caméra, tu t'épanouiras sûrement sur YouTube. Ce format donne la possibilité de se lancer dans des conseils détaillés et des tests de produits plus poussés.

Emma CakeCup

« *Sur YouTube, j'appelle les influenceurs des créateurs de contenu. Il faut donc être original, rigoler et ne pas se prendre la tête. En tout cas, moi, j'ai toujours fait des vidéos drôles, sans prise de tête. J'ai toujours essayé d'être naturelle, c'est hyper important. Avoir une bonne qualité de vidéo l'est aussi.* »

Emma CakeCup

Facebook

Avec ses 2,3 milliards d'utilisateurs actifs par mois, Facebook est le deuxième site le plus visité au monde après Google. Son but est avant tout de rester en contact avec des personnes plus ou moins proches et de partager des informations, qu'elles soient personnelles ou non. Tu peux créer des groupes autour de tes centres d'intérêt (ils sont utilisés par plus d'un milliard de personnes par mois) et ainsi partager ce que tu aimes avec d'autres internautes à travers le monde. Généralement, dans un groupe, tous les membres ont la possibilité de poster ; la fonctionnalité est à visée collaborative. Tu peux également créer une page pour poster du contenu et développer ton activité grâce à un certain nombre d'applications dédiées, qui te permettent par exemple de gérer automatiquement des jeux concours ou d'inclure ta chaîne YouTube. Sur Facebook, les documents et articles ont autant leur place que les images et les vidéos, ce qui est très pratique pour les influenceurs culturels notamment. Si tu tiens un blog et que tu aimes écrire, ce réseau est parfait pour toi. Mais Facebook est adapté à n'importe quelle stratégie de communication, car il a un fort impact au niveau de la population !

Des chiffres qui en disent long...

24 % des utilisateurs de Facebook ont entre 25 et 34 ans.

23 %
entre 18 et 24 ans.

16 %
entre 13 et 17 ans.

16 %
entre 35 et 44 ans.

21 %
ont 45 ans et plus.

« J'ai 23 ans et je n'aurais jamais cru, quand je regarde 5 ans en arrière, que les réseaux sociaux allaient prendre une telle ampleur. Mes premiers pas en tant qu'influenceur se sont faits grâce à une appli que j'ai créée avec mon associé il y a 4 ans. L'idée était simple : on était très bons en pronostics et on s'est dit : pourquoi pas aider les gens à le faire ? On a commencé sur Facebook et ça a bien marché. Je ne pensais pas au début que le réseau pouvait servir à créer une entreprise, générer des profits et nous rendre célèbres. Développer un vrai business ! »

Laurent Correia

Des chiffres dingues !
Facebook, c'est...

Par jour

4,75 milliards de posts,

4,5 milliards de likes,

et **1,49 milliard** d'utilisateurs.

Par minute

1,8 million de likes

et **246 000** statuts partagés.

Laurent Correia

Instagram

Instagram, c'est le réseau social incontournable pour tout influenceur en devenir. Avec une fréquentation d'un milliard d'utilisateurs (17 millions en France), il permet d'atteindre une audience potentielle gigantesque. Mais qu'est-ce qui le rend si spécial? Ce réseau est uniquement centré sur l'image : tous les posts sont constitués soit de photos, soit de vidéos. Si toi aussi tu dégaines ton smartphone toutes les cinq minutes pour capter l'instant présent, tu adoreras Instagram. L'une des grandes forces de l'appli, ce sont les filtres proposés pour modifier les photos et leur donner une touche plus professionnelle. En plus de cela, et contrairement à ce qu'on pouvait imaginer au début, le deuxième grand atout est les stories. Incroyable mais vrai, ces courtes vidéos éphémères, disponibles pendant 24 heures, sont visionnées par plus de 300 millions de personnes par jour! Pour la petite histoire, les stories Instagram ont été lancées en 2016 et sont très fortement inspirées des stories Snapchat. Mais aujourd'hui, elles sont deux fois plus visionnées que celles du réseau préféré des adolescents.

Des chiffres qui en disent long...

Instagram, c'est par jour :

4,2 milliards de likes,

500 millions d'utilisateurs, et

95 millions de photos et vidéos postées.

En ayant lancé IGTV en 2018, l'application a gagné en intérêt pour les passionnés de vidéos. Si c'est ton cas, sache que tu peux maintenant créer des vidéos plus longues (entre 15 secondes et 10 minutes pour un petit compte, et jusqu'à 1 heure pour un gros), verticales, et les poster sur ta chaîne IGTV! Tes abonnés pourront les liker et les commenter comme n'importe lequel de tes posts.

Carla Moreau

« *J'aime l'idée qu'un compte Instagram soit comme une sorte de book de nos vies, un livre-souvenir de nos voyages, de nos shootings, de nos looks et de nos humeurs. Et puis, Instagram évolue et permet maintenant de poster des vidéos ; il y a des chaînes, des lives. Vraiment, tout ce que j'aime. D'ailleurs, la première chose que je fais au réveil, c'est ouvrir Instagram !* »

Carla Moreau

En plus, grâce au compte professionnel, l'application te permet de suivre en temps réel l'évolution de ton compte et de voir toutes les statistiques dont tu as besoin.

Tous ces atouts font d'Instagram le réseau de prédilection des influenceurs en France puisque, avec 69,2 % des votes, il arrive en tête devant les blogs et YouTube.

Twitter

Twitter, avec ses 335 millions d'utilisateurs actifs par mois, est le réseau social de microblogging par excellence. Sur ce réseau, on reste simple et on la fait courte ! Les posts sont limités à 280 caractères. Grâce à la fonctionnalité retweet, tu peux créer des liens facilement avec les personnes ou les marques dont tu reprends le contenu. N'importe quel utilisateur du réseau peut laisser un like sur une de tes publications, la commenter et la retweeter. Elle apparaît alors sur sa propre page. Ce que tu publies sur Twitter est, par défaut, public. Il faut donc bien faire attention à ton image, car de nombreux tweets sont repris par les journaux et les médias en général. En plus, tu ne peux pas modifier ton tweet une fois posté. Une fonctionnalité permet de rendre son profil privé pour ne permettre la lecture des tweets qu'à ses abonnés, mais cela n'entre pas vraiment dans une logique d'influenceur en devenir. D'ailleurs, sur ce réseau, la notion d'influenceur est très fortement liée au nombre d'abonnés. Twitter te demandera peut-être un peu plus d'efforts d'adaptation que les autres réseaux, mais si tu aimes la concision et que tu n'as pas peur d'être limité dans tes mots, lance-toi !

Des chiffres dingues

Twitter, c'est…

300 milliards de tweets depuis 2006,

500 millions de tweets par jour,

et ***107 millions*** de followers pour le compte n° 1, celui de Katy Perry.

Snapchat

Des chiffres dingues

Snapchat, c'est...
par jour
3 milliards
de Snap envoyés et
800 millions
de vidéos postées.

Snapchat, avec ses 188 millions d'utilisateurs actifs par mois, est le réseau par excellence de l'instantanéité et de l'éphémère. Pourquoi ? Tout simplement parce que toutes les photos et vidéos peuvent être visibles entre 1 et 10 secondes. Mais tu peux également décider de rendre les tiennes consultables sans limite de temps (à noter qu'elles disparaîtront 24 heures après) ! Grâce à la fonctionnalité « envoi groupé », tu peux envoyer des photos à tous tes contacts. En plus, l'application propose de nombreux filtres qui rendront tes vidéos plus dynamiques. Certains sont sponsorisés par des marques, tandis que d'autres te permettent de modifier ta voix. Si tu aimes les fonctionnalités ludiques, ce réseau te plaira sûrement. Snapchat te rend plus accessible aux yeux de tes abonnés, parce que tu peux réellement partager ton quotidien de manière amusante.

Ce qui fait sa particularité, c'est non seulement son utilisation 100 % mobile, mais aussi sa cible, car 75 % de ses utilisateurs ont moins de 25 ans.

« *J'aime Snapchat. L'appli me ressemble vraiment parce que c'est spontané. Sur Instagram, la photo est postée et j'attends de voir ce que les gens ont à dire. Avec les commentaires positifs et négatifs. Alors que sur Snapchat, on partage et les gens vivent l'instant présent avec nous.* »

Jazz Correia

« *Quand vous commencez sur Snapchat et que votre Snap est « ouvert », c'est-à-dire que les gens peuvent vous répondre et discuter avec vous, il ne faut pas le fermer. Il faut répondre à sa communauté. Le lien avec ses followers, c'est vraiment important.* »

Oiseau Tyson

« *Sur Snapchat, il faut créer du contenu très naturel. Il faut être spontané. Par exemple, on peut se filmer au réveil pour se montrer sans maquillage… enfin, avec un petit filtre quand même 😉 l'important, c'est de partager ce qui nous fait plaisir sans se forcer.* »

Nabilla Benattia

| Nabilla Benattia

Comment monter à 10 000 followers ?

SOS !

Tu as lancé tes réseaux et tu as maintenant envie de développer tes comptes et de les voir grossir. Pour cela, il ne suffit pas de penser que les amis de tes amis seront tes amis… Ici, on a un plan d'attaque de pro, déjà testé et 100 % approuvé ! Si tu es d'accord pour que les followers affluent sur ta page, tu n'as qu'à suivre les bonnes pratiques que nous avons mises au point pour toi… C'est maintenant le moment de t'investir complètement dans ton activité pour attirer les abonnés. L'objectif ? 10 000 followers.

C'est parti !

Recrute tes fans en 3 étapes

1. Recrute une audience qualifiée

Tu penses sans doute qu'il importe peu de savoir qui sont tes followers, tant qu'ils te suivent et te donnent les likes que tu attends. Tu pourrais être surpris...

Tu ne veux pas entendre des gens te critiquer parce que tes followers s'abonnent à tous les comptes qu'ils croisent. C'est pourquoi il te faut une audience qualifiée, c'est-à-dire des personnes qui sont très intéressées par ton domaine et qui suivent d'autres influenceurs de ta niche. Ces abonnés seront plus susceptibles de liker, commenter et partager ton contenu. À partir du moment où tu auras bien réfléchi à ton domaine, ta cible et ton contenu en amont, tu n'auras pas beaucoup de mal à trouver cette audience qualifiée. Tu t'es spécialisé dans la mode ? Tu souhaites sans doute être suivi par des personnes qui aiment les vêtements, qui sont constamment en recherche de nouvelles inspirations OOTD (Outfit of the Day) et qui n'auront aucun mal à s'identifier à ton contenu. Ces personnes-là te suivront sans hésiter et parleront de toi à leurs amis. Ce sont plutôt les jeux vidéo qui te branchent ? Alors tu aimerais être suivi par des gamers en tout genre, des passionnés qui n'hésitent pas à passer des heures à tester leur nouveau jeu favori, qui leur a d'ailleurs été conseillé par leur influenceur préféré.

Ma parole d'experte !

Quand on se lance dans le milieu de l'influence, il faut prendre conscience que l'on n'est rien sans sa communauté et qu'elle a une grande importance dans l'image que l'on renvoie au public.

Pour trouver ton audience qualifiée, n'hésite pas à regarder la liste des followers des comptes similaires au tien. Regarde ceux qui commentent les publications et fais le curieux en allant visiter leurs comptes. Il y a fort à parier que ces personnes-là suivent d'autres influenceurs dans le domaine qui t'intéresse. Like certaines de leurs photos si elles te parlent, commente-les et engage la conversation avec elles. Elles iront sans mal visiter ton feed et s'y abonner.

| Jessica Thivenin

« *Ma communauté est extraordinaire. Les gens sont là pour moi, ils me font confiance, me remontent le moral. Je la considère comme une merveille dans ma vie et je suis fière de l'avoir.* »

Jessica Thivenin

« *L'union fait la force. Ma communauté est vraiment présente. Pour moi et pour mes animaux. Juste parce que je leur donne du bonheur à travers un écran.* »

Oiseau Tyson

« *Ma communauté, je la qualifie comme ma famille digitale. Quand j'ai besoin de quelque chose, je peux le leur demander et j'ai des milliers de fans qui répondent.* »

Jazz Correia

| Jazz Correia

2. Recrute une audience expérimentée

L'audience expérimentée, c'est celle qui pourra te propulser très rapidement sur le devant de la scène des réseaux sociaux. Elle est constituée d'influenceurs déjà bien installés dans le domaine que tu souhaites investir. Ils ont une large communauté et leur influence n'est plus à prouver, leurs posts étant likés par des dizaines de milliers de personnes. Ces influenceurs-là sont écoutés par une grande partie de leurs followers. Alors, s'ils conseillent à leur communauté d'aller voir ton compte, tu peux être sûr qu'une horde de potentiels abonnés curieux se ruera sur ton feed, ta page ou ta chaîne. Il y a fort à parier que si ton compte leur plaît, ils s'abonneront sans hésiter.

Garde en tête qu'il faut y aller progressivement. Tu ne pourras peut-être pas tout de suite attirer l'attention d'un influenceur qui compte 50 000 followers. Commence par des micro-influenceurs, qui auront moins d'abonnés et seront plus accessibles et, au fur et à mesure que ta communauté grandira, tu pourras viser des comptes plus gros !

Si tu as décidé d'être un trendsetter mode, il faut que des personnes pointues, qui s'y connaissent en mode parce qu'elles baignent elles-mêmes dans ce secteur, te suivent. Si c'est plutôt la cuisine et la nourriture qui t'intéressent, il serait judicieux d'essayer d'intéresser des chefs ou des critiques culinaires, par exemple. Grâce à eux, tu seras de plus en plus visible sur les réseaux. Ne te décourage pas si tu ne reçois pas tout de suite de retour de leur part. Continue à prospecter, les choses finiront par avancer !

Ma parole d'experte !

Il est donc très important que tu réussisses à attirer l'attention d'influenceurs qui traitent des mêmes sujets que toi. N'hésite pas à te promener sur les réseaux pour voir qui sont les influenceurs les plus suivis et engage la conversation avec eux.

3. Recrute une audience qui te ressemble

Tu le sais, un réseau social est avant tout un moyen de communiquer avec les autres et de créer du lien. Ce n'est pas pour rien qu'on utilise l'adjectif « social », qui fait référence aux rapports entre un individu et les autres membres d'une collectivité. Quand on s'inscrit sur un réseau social, et à plus forte raison quand on souhaite créer une communauté autour de soi, on recherche avant tout un contact virtuel authentique avec des personnes qui le sont tout autant. Tous les réseaux sociaux, Instagram et Facebook les premiers, changent leur algorithme en faveur des interactions plus humaines et authentiques. Alors, garde en tête qu'il est primordial d'être sociable et d'aller vers les gens. Ce n'est pas en restant dans ta bulle que tu te feras connaître.

| Carla Moreau

Dis-moi quels sont les # que tu suis, et je te dirai qui tu es...

Pour les trouver, tu peux par exemple faire une recherche par hashtags. Si tu es spécialisé déco, pourquoi ne pas commencer par le #déco ? Il te fera découvrir des milliers de comptes. Si tu t'abonnes aux personnes dont le contenu te plaît, et que tu proposes toi-même quelque chose qui s'y apparente, tu peux parier que certains visiteront en retour ton profil et s'abonneront peut-être aussi. Ça marche encore mieux si tu engages la conversation avec ces personnes en message privé. Cela permet de briser la glace, et le fait que vous ayez des points communs, comme le sujet qui vous passionne tous les deux, facilitera vos échanges. Cela attirera non seulement l'attention de la personne qui a posté, mais également celle de ses followers, qui pourront lire ton commentaire. S'il est intéressant, ils cliqueront peut-être sur ton profil et auront alors envie de te follow !

Pour que ton compte grossisse rapidement, sois régulier dans ton recrutement. Tous les jours, donne-toi 1 heure pour parcourir les hashtags qui t'intéressent et laisse des commentaires et des likes sous les publications qui te parlent. Ça ne sert à rien de liker à tout va. N'oublie pas que ton image en dépend. Like des publications de qualité, laisse des commentaires de qualité (qui soient en rapport avec la publication et sa description), et abonne-toi à des comptes de qualité. Un bon ratio serait, par exemple, de t'abonner à une dizaine de comptes par jour et de liker entre une trentaine et une cinquantaine de photos par jour.

Sois **authentique !**

Atteins les 10 000 en **10 étapes**

1. Soigne ta bio

Ta bio a une grande importance sur tous les réseaux, mais plus particulièrement sur Instagram. C'est grâce à elle que tes abonnés potentiels en apprennent plus sur toi avant même de voir ton feed. Il faut leur donner envie de te suivre et de te connaître davantage. Sur la plupart des réseaux, on pourra dire qui l'on est et ce que l'on fait. Sur Instagram, la bio regroupe l'avatar, le nom, la description, le site web et les coordonnées de contact. Réfléchis bien au nom que tu veux inscrire, car il servira au référencement Google, tout comme ton pseudo. Tu peux écrire ton nom complet, ou alors le compléter de ta spécialité. Tu t'appelles Marie Martin et tu t'es spécialisée dans le fitness ? Pourquoi ne pas écrire « Marie Martin - Fitness addict » ? On te trouvera plus facilement sur Internet en cherchant le mot-clé « fitness ».

Donne envie

Pour ton avatar, choisis une photo qui représente bien ton domaine et qui donnera envie aux gens de cliquer sur ton profil. Si tu es influenceur food, tu peux choisir une photo de toi en train de cuisiner. Tu peux aussi créer un logo, qui te donnera tout de suite une image de marque. Rédige une description qui donne envie.

Mets à profit les 150 caractères qui te sont alloués pour mettre des emojis, dire en quelques mots ce que tu fais, et ajouter des hashtags s'il te reste de la place. Enfin, n'hésite pas à insérer l'URL de ton blog si tu en as un, car ta bio est le seul endroit sur Instagram où tu peux mettre un lien cliquable.

| Emma CakeCup

2. Fais attention au nombre de tes abonnements

À l'exception de Facebook, sur la grande majorité des réseaux sociaux, les nombres de tes abonnés et abonnements sont tous deux visibles. Tes abonnés, ce sont les personnes qui te suivent, et tes abonnements, les personnes que toi tu suis. Bien sûr, on aurait tendance à vouloir s'abonner à de nombreux comptes car, parmi les millions de comptes qui existent sur les différents réseaux, beaucoup nous intéressent. Le risque est le déséquilibre trop important entre le nombre d'abonnés et le nombre d'abonnements. Tu pourrais être tenté de suivre des centaines de personnes dans l'espoir qu'elles te suivent en retour, mais si ton compteur de followers ne grimpe pas à la même vitesse, tu vas très vite te retrouver avec 300 abonnés et 1200 abonnements. Quand tu vois ces chiffres, tu te dis que quelque chose cloche, non ? Eh bien, l'internaute lambda qui tombera sur ton feed pensera la même chose. Imaginer que l'instagramer dont on visite la page s'abonne à tout et n'importe quoi pour attirer l'attention n'inspire pas confiance.

Sur Insta, quand on aime… **ON COMPTE !!**

On préférera un compte qui a 1200 abonnés et 300 abonnements. C'est plus net. Alors, n'hésite pas à faire du tri parmi les personnes que tu follow ! Privilégie celles avec lesquelles tu as de réelles interactions, ou celles dont tu apprécies vraiment le travail.

3. Pense au storytelling

Le storytelling, c'est le fait de raconter une histoire. C'est une notion essentielle à incorporer dans tes contenus. Il faut raconter une belle histoire à tes abonnés : la tienne. Il faut leur donner envie d'ouvrir le livre et de le dévorer. Ta bio, c'est ta couverture. Ton feed, c'est ton sommaire, et tes photos sont les pages de ton livre. Ne pense pas que ta seule option sur les réseaux est de faire rêver les autres. Bien sûr, c'est une dimension qui a de l'importance, mais ce n'est pas ce qui te fera gagner beaucoup d'abonnés au quotidien.

Qui m'aime me suive...

Les gens veulent d'abord te suivre parce que tu es toi. Sinon, tous les influenceurs seraient interchangeables ! Sois personnel (sans trop en dire non plus ! on ne veut pas savoir que tu as eu la gastro tout le week-end...), parle de tes succès, de tes échecs, de tes rêves et aspirations, de ce que tu aimes faire au quotidien. Tes followers apprécieront que tu sois authentique. Mets de l'émotion dans la majorité de tes posts. On parle beaucoup de storytelling pour les marques, mais il est tout aussi important pour les influenceurs, car il est au centre de ce qu'on appelle le personal branding. En gros, c'est la manière dont on promeut sa propre image et ses compétences pour se démarquer et se faire connaître. Une des techniques les plus efficaces du storytelling est de raconter une histoire du point de vue du lecteur et non du sien propre. L'internaute aura plus tendance à s'identifier et à liker ! Préfère des « Vous non plus vous ne pouvez pas vous empêcher de dévorer des cookies tout chauds dès qu'ils sortent du four ? » plutôt que des « Je ne peux pas m'empêcher de dévorer des cookies tout chauds dès qu'ils sortent du four. »

| Adil Rami

« *Rester naturel : c'est le seul conseil que je puisse donner, parce que c'est le plus important ! Les gens nous suivent pour ce que nous sommes, alors, il ne faut pas changer !* »

Adil Rami

« *Je fais beaucoup de vues et de likes sur mes réseaux et je pense que je le dois à mes enfants. Les gens adorent les enfants. Et je ne fais pas de photos bimbo parce que je n'en suis pas une. Je ne cherche pas à me créer un genre. Je suis juste Jazz avec mes deux enfants et mon mari. Je partage ma vie intime, mes coups de cœur et mes coups de gueule !* »

Jazz Correia

Jazz Correia

4. Développe la description de ton post

Que ce soit sur Facebook, Instagram ou YouTube, la description a son importance car elle explique le post qu'elle accompagne. Elle se doit d'être efficace, bien écrite et assez personnalisée. Quand les internautes la lisent, ils doivent pouvoir comprendre de quoi il est question et s'identifier au contenu. Sur Instagram, par exemple, ta description t'aidera tout autant à te démarquer que tes photos en elles-mêmes, car tu y apporteras tes propres commentaires. Tu peux ajouter des touches d'humour, rendre le tout vivant et intéressant. Tu as la possibilité d'écrire jusqu'à 2200 caractères, mais l'application ne montrera que les deux premières lignes sur le fil d'actualité de ton audience.

> Il est donc important d'aller tout de suite à l'essentiel, et de **captiver l'attention de tes followers en quelques mots.**

Pour inciter tes lecteurs à s'engager avec ton contenu, termine toujours tes posts avec un *call-to-action* : invite-les à tagger des amis en commentaire, à aller visiter ton blog ou à partager ta publication.

5. Aie un feed cohérent et original

Cette partie s'applique surtout à Instagram. Tu le sais, ce réseau est le plus esthétique qui existe à l'heure actuelle. Comme tout est centré sur l'image, l'une des meilleures façons de sortir du lot est de poster des photos de bonne qualité, agréables à l'œil. Trouver son style n'est pas forcément facile, alors n'hésite pas à faire plusieurs essais avant de choisir le thème que tu suivras post après post. Pour t'aider à visualiser ton feed et à voir si une photo s'y insère bien avant de la poster, tu peux avoir recours à plusieurs applications très utiles, comme Preview et Unum. Elles te permettent de charger un certain nombre de photos et de les déplacer au gré de tes envies pour créer le feed le plus harmonieux qui soit. À toi ensuite de poster tes photos sur Instagram dans l'ordre que tu auras défini sur ces applis. L'un des éléments essentiels est d'utiliser le même filtre sur toutes tes photos. Tu verras alors qu'un thème et une atmosphère se dégageront automatiquement. Pour trouver le filtre qui te conviendra le mieux, n'hésite pas à faire plusieurs essais entre ceux qui sont proposés sur Instagram. Tu peux même en trouver d'autres grâce à des applications de retouches photos, comme Lightroom ou VSCO.

Petite astuce

Quand tu penses à ton feed, réfléchis par 9 ou 12. 9, c'est un carré, et 12, c'est le nombre de photos qu'on voit quand on fait défiler un feed. Alors, fais en sorte de garder une harmonie de couleurs par paquet de 9 ou 12 photos.

Inspirez la « feedelité » !

Le fait de garder une couleur commune à travers tes photos aide aussi beaucoup à la cohérence de ton feed. Tu peux très bien faire des photos où le bleu revient tout le temps, par exemple. Un coup, ce sera le bleu du ciel, un autre, celui de la mer, un autre, celui de ton jean. Ce peut être par petites touches, mais le rendu sera tout de suite harmonieux. Tu peux aussi décider de faire apparaître un accessoire sur toutes tes photos, comme une rose ou une tasse de café. Laisse libre cours à ton imagination. Pour que ton feed soit original, pourquoi ne pas jouer avec des cadres blancs? Ils donneront une touche un peu spéciale à tes photos et changeront du carré simple que propose par défaut Instagram. Et n'aie pas peur : pour commencer, tu peux tout à fait poster des photos prises avec ton smartphone. Tu pourras passer aux appareils numériques si tu en ressens le besoin, mais ce n'est pas nécessaire.

6. Localise tes photos

| Laurent Correia

Tu n'y penses pas forcément, mais l'endroit où tu prends tes photos peut véritablement booster ton nombre de followers. Pour profiter de cette fonctionnalité, il te suffit, sur Instagram, de choisir « ajouter un lieu » lorsque tu t'apprêtes à poster une nouvelle publication et de cliquer sur le lieu où ta photo a été prise parmi ceux qui sont proposés par l'application. Tu ne vois pas l'intérêt ? Sache que sur Instagram, on peut chercher des publications par localisation. Il suffit d'appuyer sur la loupe et de cliquer

Les destinations qui ont la cote !
Les cinq villes les plus populaires sur Instagram sont respectivement **New York, Londres, Paris, Dubaï et Istanbul.**

sur le pointeur tout à droite de l'écran. Soit tu choisis de trouver des photos près de ta position actuelle, soit tu décides de faire ta propre recherche. Tu trouveras alors des milliers de posts. Imagine le nombre de personnes qui auront envie de cliquer sur ton profil parce qu'elles seront tombées sur ta superbe photo prise près de la tour Eiffel ? Utilise cette fonctionnalité à volonté car elle permettra réellement de donner une plus grande visibilité à tes photos et donc, naturellement, à ton feed.

« *Il faut toujours mettre la localisation dans nos posts, car ça permet aussi aux gens de savoir où on va, de trouver des bons plans resto ou de donner des idées de vacances. C'est aussi ça l'influence, partager nos petits secrets.* »

Nabilla Benattia

| Nabilla Benattia

7. Identifie d'autres comptes

On peut tagger d'autres comptes sur plusieurs réseaux, mais c'est sur Instagram que cette fonctionnalité est la plus efficace. Quand on s'apprête à poster une nouvelle publication sur l'appli, on a la possibilité d'identifier des personnes. Il ne faut jamais hésiter à le faire, car cela peut réellement donner une visibilité supplémentaire au post. Imaginons, par exemple, que tu aies pris une photo avec l'un de tes influenceurs préférés lors d'un meet-up. Ne rate pas cette occasion en or et identifie-le sur ta photo. Elle sera alors accessible sur son feed en cliquant sur l'icône tout à droite juste au-dessus des premières photos. Tout le monde pourra voir ta photo et les curieux iront sans doute visiter ton profil pour en apprendre plus. Tu peux également identifier des personnes qui pourraient être intéressées par ta publication même si elles n'apparaissent pas dessus. Par exemple, tu as discuté en messagerie privée avec un autre instagramer et il se trouve que cette personne t'a conseillé de te mettre à la lecture du dernier livre de développement personnel à la mode. Tu as décidé de suivre ses conseils. Pourquoi ne pas l'identifier quand tu posteras une photo de toi lisant ce fameux livre ? Non seulement ça lui fera plaisir et lui donnera sûrement envie de te retourner l'ascenseur, mais en plus, ça permettra à ses followers de voir cette publication et d'interagir avec ton contenu.

Un avantage non négligeable !
Mentionner un autre compte dans un post permet d'augmenter de 56 % l'engagement.

Échanges de (très) bons procédés !

Si tu souhaites toucher une grande communauté, tu peux aussi décider d'identifier des comptes de curation. Ce sont des comptes qui ne publient aucun contenu original, mais qui repostent les photos d'autres utilisateurs. Il existe des comptes de curation pour tout un tas de sujets. Sur la photo que tu as prise de ce délicieux burger dans un bistrot atypique du centre-ville, tu peux identifier un compte de curation food. Les administrateurs décideront peut-être de reprendre ton contenu. Dans ce cas, ils te mentionneront dans le post et ce sera l'occasion pour leur communauté de te découvrir !

8. Engage tes followers !

Tu n'y as peut-être pas pensé, mais un réseau social n'est pas unilatéral. Deux personnes sont des deux côtés de l'écran. L'idée n'est pas de simplement poster une photo et d'en rester là. Il est important de faire participer ses followers à son propre contenu. Imaginons que tu postes la photo d'un cake à la banane que tu viens de préparer. Tu pourrais, par exemple, demander à tes followers des idées de boissons pour l'accompagner. Donne-leur l'impression que leur avis compte autant que le tien et qu'ils ont, eux aussi, une influence sur ta vie. Ce que tu recherches sur les réseaux sociaux, ce ne sont pas seulement des fans, ce sont des personnes qui auront l'impression de te connaître personnellement car elles seront attachées à toi, à ta personnalité, à ton contenu. Il y a fort à parier que tes followers seront ravis de t'aider et qu'ils se sentiront comme des membres à part entière d'une communauté. C'est l'état d'esprit que tu veux leur inspirer. Ceux qui ne te suivent pas encore seront attirés par ton côté abordable, et ils n'hésiteront pas à s'abonner et à participer au développement de ta communauté.

« *Même s'il est évidemment important de garder une part de vie privée, il faut partager, poser des questions pour que ta communauté se sente investie dans tes choix. Par exemple, moi, j'aime bien demander à mes followers si je dois couper mes cheveux ou non, si je dois être très blonde ou pas, si je peux prendre cette robe ou plutôt ce pantalon, si les chaussures que je porte leur plaisent…* »

Carla Moreau

Carla Moreau |

9. Réponds systématiquement aux commentaires

Lorsque des internautes se donnent la peine de laisser un commentaire sous une de tes publications, il est très appréciable que tu prennes le temps d'y répondre, surtout si leur commentaire comporte une question. L'idéal est de répondre rapidement pour donner la sensation à ta communauté que tu es à l'écoute et disponible. N'oublie pas que, à partir du moment où ton compte est public, les commentaires sont visibles par tous, et qu'il importe donc que tu gardes une belle image en toutes circonstances. Alors, reste poli et avenant, même lorsque les commentaires sont désagréables. Car oui, il est important de répondre aussi aux messages qui ne sont pas forcément flatteurs, puisque laisser une personne envoyer de la négativité sur ton profil sans réagir peut créer un effet boule de neige qui aura très vite tendance à te nuire.

Même si tu n'es pas le patron, engage tes followers !

« *Je sais que beaucoup de gens font très attention aux commentaires sur les réseaux sociaux. Parfois, il m'est arrivé de les lire, mais maintenant, j'en suis très détachée. On ne peut pas plaire à tout le monde et il faut passer outre pour avancer. Avant de se lancer, il faut donc bien se connaître, avoir confiance en soi et avoir la carapace solide !* »

Carla Moreau

Un mal pour un bien !

Si un petit rigolo s'amuse à te critiquer allègrement en commentaire, par exemple en disant que tu n'y connais rien en maquillage et que sa sœur de cinq ans ferait mieux que toi, respire un grand coup et réponds-lui avec tout l'humour dont tu sais faire preuve que tu serais ravi de rencontrer une jeune artiste prometteuse telle que sa sœur ! En plus, le fait de poster une réponse augmentera le nombre total de commentaires. Instagram, par exemple, a plus tendance à mettre en avant des publications beaucoup likées et commentées. Saisis cette opportunité !

| Laurent Correia

« *Parfois, des personnes m'insultent et me critiquent et il m'est arrivé de répondre à ces gens. De façon méchante aussi. Et c'est une erreur. Ce n'est pas parce que la personne a essayé de me dénigrer qu'il faut que je l'affiche ou que je fasse de même. Il faut être plus intelligent.* »

Laurent Correia

10. Organise des concours

Pour une fois, on veut prendre du poids !

Proposer un jeu concours sur tes réseaux peut être un très bon moyen de faire monter le compteur de tes abonnés. Tu l'imagines bien, c'est toujours très agréable de gagner quelque chose ! Alors quand le jeu en vaut la chandelle, on a tendance à participer les yeux fermés. Tu te dis sans doute que tu n'as pas le budget suffisant pour organiser un concours, mais rassure-toi : tu n'es pas obligé d'acheter un produit neuf. À tes débuts, tu peux très bien faire gagner un objet d'occasion. Ce peut être un livre que tu as lu et aimé, ou alors un jeu vidéo que tu as fini de tester. Même avec un petit budget, on peut faire plaisir à sa communauté et la faire grossir en même temps. Le combo parfait !

Le concours peut servir à fêter un palier atteint en termes de followers (par exemple, 500, 1000, 5000, 10 000 abonnés...), à coller à l'actualité d'une fête commerciale (Noël, la Saint-Valentin, la fête des Mères...), ou à simplement faire plaisir ponctuellement. Pour attirer de nouveaux abonnés, le concours se doit d'être intéressant. Alors propose un prix susceptible de plaire au plus grand nombre. Soigne aussi le visuel de ton concours. Que ce soit sur Facebook, Instagram, YouTube, Snapchat ou même Twitter, publie une image qui dit explicitement qu'il s'agit d'un concours et qui met en valeur le produit en jeu.

Ensuite, à toi de décider quelle condition tu souhaites ajouter. L'idéal est de ne pas rendre la participation trop pénible en ajoutant trop d'étapes. Tu peux, par exemple, demander aux participants de partager le concours en story et de tagger une ou plusieurs personnes.

Je préconise de faire un règlement et de le déposer auprès d'un huissier.

Ma parole d'experte !

Dans le règlement que tu mettras en place, n'oublie surtout pas de demander aux participants de liker ta publication et de s'abonner à ton compte. C'est un prérequis pour gagner de nouveaux followers.

| Carla Moreau

Tu peux aussi préciser que tu ne souhaites pas de follow-unfollow, c'est-à-dire des personnes qui s'abonneront simplement pour le concours et qui se désabonneront dès que tu auras annoncé le gagnant. Ce n'est pas une science exacte, mais ça en dissuadera au moins quelques-uns ! N'hésite pas à faire régulièrement des concours pour faire grandir ta communauté, qui te le revaudra.

« *Les jeux concours créent de l'interactivité et de l'engagement. Répondre aux commentaires aussi, les pages fans également. Tout ça permet déjà de remercier sa communauté ; c'est important et ça fidélise aussi notre public.* »

Carla Moreau

Et au fait, comment avoir beaucoup de likes ?

Toujours plus

Une chose est certaine : on n'en a jamais assez ! Des likes, encore des likes, toujours des likes ! À chaque fois que tu postes une publication, tu scrutes le nombre de likes qui monte qui monte qui monte, jusqu'à ce que… le compteur s'arrête toujours un peu plus bas que ce que tu aurais espéré… Mais devenir le roi ou la reine des likes, ça ne s'improvise pas. Et disons-le : c'est un métier ! Il y a ce que l'on fait spontanément et il y a aussi des trucs de pro qui boostent les likes et font passer les scores à des nombres à deux, trois voire quatre chiffres et plus si affinités ! Tenté par mes astuces ?

Algorithme ?

Késako ?

Comprendre le fonctionnement de l'algorithme de Facebook et Instagram

Commençons par le commencement : qu'est-ce qu'un algorithme ? Rassure-toi, il n'est pas utile d'avoir fait des études spécialisées de mathématiques pour comprendre ce mot savant. Sur les réseaux, l'algorithme est une méthode pour trier et distribuer les

| Emma CakeCup

informations pertinentes et permettre de proposer des choix. Cette méthode va aboutir à une séquence : par exemple, c'est un algorithme qui te suggère les liens sur Facebook en fonction de ce que tu as liké, des personnes que tu suis, de tes centres d'intérêt, etc. L'algorithme Facebook, aussi connu sous le nom de « News Feed Algorithm », décide de la mise en avant d'une publication plutôt qu'une autre sur le fil d'actualité de ses utilisateurs. À cause de lui, seuls environ 10 % des followers voient le contenu d'une page apparaître sur leur fil d'actualité. Cet algorithme comprend des centaines de paramètres, alors il serait difficile de prétendre le comprendre entièrement. En revanche, certains critères sont connus et peuvent changer la donne une fois qu'ils sont pris en compte.

Comment marche-t-il ?

1

Quand on se connecte sur Facebook, l'algorithme de l'application vérifie tout ce qui a été publié par nos amis et toutes les pages que l'on suit.

2

Ensuite, il analyse les publications afin de déterminer celles qui nous plairont le plus. Plusieurs données entrent en ligne de compte, comme le profil de la personne ayant publié et l'heure de publication.

3

À ce moment-là, il désigne les publications les plus susceptibles de nous intéresser.

4

Enfin, il choisit de nous les montrer sur notre fil d'actualité dans l'ordre défini par le taux de pertinence qu'il a déterminé.

Quels critères entrent en jeu ?

1. L'intérêt que porte l'utilisateur à l'auteur de la publication

Plus un utilisateur interagit avec le contenu d'un autre, plus l'application lui montre des contenus créés par cette personne. Il faut noter que les interactions ont un ordre d'importance : le partage aura le plus de poids, suivi du commentaire, des réactions, puis des likes.

2. Le succès d'une publication

Plus un post aura suscité d'interactions dès sa publication, plus il sera diffusé auprès d'un plus large public. Si la publication ne fait pas réagir les premiers utilisateurs à qui elle est montrée, l'algorithme se dira qu'elle n'est pas intéressante, et elle sera alors enterrée.

3. Le créateur du contenu

Une page qui génère peu d'interactions en règle générale verra sa visibilité diminuer, car Facebook aura l'impression que son contenu n'est pas intéressant à montrer.

4. Le type de contenu publié

Texte, lien, image, vidéo, live. Ce réseau privilégie désormais les vidéos live et celles postées directement sur la plate-forme. Viennent ensuite les images et les liens, et enfin les textes.

5. La date de la publication

Un post datant de plusieurs heures voire jours passera après les plus récents. Seuls les posts au fort taux d'engagement réussissent à se positionner en bonne place sur le fil d'actualité.

Des chiffres qui en disent long !

Voici la formule pour calculer le taux d'interaction d'une publication :

(Nombre de « j'aime » + nombre de commentaires + nombre de partages) / nombre total de followers x 100

En règle générale, on considère qu'un bon taux d'engagement commence à 3 %.

| Baptiste Giabiconi

Sur Instagram, l'algorithme fonctionne à peu près de la même manière. Pour les utilisateurs, l'accent est alors mis sur les comptes avec lesquels ils ont l'habitude d'interagir.

Maintenant que tu as compris comment l'algorithme fonctionne, il est temps de voir comment le contourner afin de générer le plus d'interactions possible avec ton contenu.

Multiplie les likes en 5 coups

1. Publie au bon moment

Comme les algorithmes de Facebook et Instagram ne montrent les publications qu'à une petite partie des followers, il est primordial de poster lorsque les abonnés sont actifs sur les réseaux, pour qu'ils tombent tout de suite sur les nouvelles publications et les likent. Car une publication obtenant peu de réactions à son chargement sera vite enterrée par ces deux réseaux. Au début, il faudra faire plusieurs essais, afin d'avoir de la matière avec laquelle travailler. En mode professionnel sur Instagram, et en mode page sur Facebook, tu peux déterminer quels sont les horaires auxquels tes abonnés sont présents en nombre sur leurs réseaux sociaux, et donc susceptibles d'interagir avec tes nouveaux posts.

Il y a les jours avec et les jours sans...
Les jeudi et vendredi, le taux d'engagement est *18 %* plus élevé que les autres jours.

En règle générale, on estime que les meilleurs horaires sont ceux où les internautes se promènent sur les réseaux, c'est-à-dire le matin entre 7 h et 9 h, le midi, et le soir entre 17 h et 19 h.

Cette règle générale ne s'applique peut-être pas à tes followers, étant donné que les horaires auxquels ils se connectent dépendent beaucoup de leur profil. Alors, prête une grande attention aux statistiques qui te sont proposées et aux comportements dont tu es toi-même témoin face à tes publications. Sur Twitter, YouTube et Snapchat, les horaires de publication ont moins d'impact.

| Carla Moreau

2. Pratique l'inattendu… mais pas que

Peu importe les réseaux que tu as choisis, il est intéressant de sortir de temps en temps des sentiers battus, et surtout des chemins que tu as déjà empruntés. Servir constamment le même genre de publications à tes abonnés va très vite les lasser, et ils finiront par ne même plus les voir tant elles seront devenues banales.

« *L'image, c'est ce à quoi il faut faire le plus attention sur les réseaux sociaux et surtout sur Instagram. Il est important de poster de belles photos, de nouveaux looks, de toujours s'inscrire dans une continuité mais tout en étonnant.* »

Carla Moreau

Bien sûr, tu as une ligne éditoriale et il est primordial de la respecter, mais il est également intéressant de sortir de son cadre de temps en temps pour surprendre tes followers et leur rappeler que tu es quelqu'un d'original avec un contenu unique à leur proposer. Une publication atypique et étonnante pourra te faire gagner plus de likes de la part de tes followers, mais également de personnes qui ne te suivent pas et qui tomberaient sur ta publication au détour d'un hashtag.

Ma parole d'experte !

Ces posts inhabituels peuvent ne pas être en rapport direct avec ton activité, tant qu'ils permettent l'échange. Il faut que le plus grand nombre puisse s'y identifier. Une personne que l'on suit pour ses conseils toujours avisés en matière de produits cosmétiques poste soudain une photo d'une marionnette à son effigie ? Si le post est amusant ou la photo esthétique, on la likera sans problème !

Le combo gagnant reste tout de même d'allier inattendu et sécurité. Alors, n'hésite pas à jouer sur la saisonnalité et à poster des publications en lien avec des dates qui font officiellement partie du calendrier, comme Noël ou la Saint-Valentin. Elles ont très souvent la cote car elles parlent à presque tout le monde.

Emma CakeCup

« *Il est important de créer du nouveau contenu et de proposer de nouvelles choses. Créer, c'est vraiment important. Sinon, les gens se lassent. Et comme on est de plus en plus d'influenceurs sur les réseaux sociaux, il faut faire attention à ne pas lasser le public.* »

Emma CakeCup

Ma parole d'experte !

L'influenceur doit aussi écouter sa communauté, être attentif à ses attentes, ses retours, ses likes et être sincère. Faire rêver ta communauté, c'est important, mais l'aimer l'est tout autant.

3. Implique tes abonnés

À présent, tu le sais, l'engagement de tes followers passe beaucoup par ta personnalité et la façon dont tu t'exprimes dans tes posts. Pour générer de l'engagement auprès de tes followers, n'hésite pas à les impliquer dans la création et le développement de ton propre contenu. Tu peux notamment les rassembler autour d'un hashtag que tu auras créé et les inviter à poster du contenu en l'utilisant.

Bon à savoir

L'engagement des internautes sur Instagram est *10x* plus important que sur Facebook, *54x* plus grand que sur Pinterest, et *84x* plus élevé que sur Twitter.

Admettons que tu te sois spécialisé dans les livres et que tu sois donc un bookstagramer. Pour créer de l'engagement de la part de tes followers, tu peux, par exemple, décider de poster tous les jours pendant une semaine les livres qui t'ont marqué pendant ton enfance et inventer le #ludansmonenfance. Mets-les au défi de faire comme toi. Il y a fort à parier qu'ils seront nombreux à se prêter au jeu, d'abord parce que c'est assez ludique, ensuite parce qu'ils auront l'impression de produire du contenu susceptible d'intéresser toute une communauté. Implique tes abonnés et tu seras surpris de la manière dont ils te le rendront.

4. Ne néglige pas les vidéos

Que ce soit sur Facebook ou Instagram, n'hésite surtout pas à poster des vidéos, car elles sont souvent très génératrices d'engagement. Sur Instagram, poster des vidéos sur ton feed permet d'atteindre plus de personnes, car elles sont regroupées dans le menu Explorer, auquel tu as accès en cliquant sur la loupe en bas de ton écran.

Sur Facebook, la puissance des vidéos n'est plus à prouver non plus, car ce sont elles qui provoquent le plus d'interactions. Il vaut mieux poster des vidéos directement sur la plateforme plutôt que copier le lien d'une vidéo YouTube, l'algorithme lui donnera naturellement plus de visibilité. Publier des vidéos au format carré permettra d'avoir toute l'attention des internautes, car elles s'étaleront sur tout l'écran de leur smartphone.

Si tu es à l'aise en direct devant la caméra, n'hésite pas à te tourner régulièrement vers le live ; les utilisateurs commentent dix fois plus les vidéos en direct que les vidéos préenregistrées. Ce format a plusieurs avantages sur les deux réseaux : il change des posts classiques et, en plus, certains de tes followers reçoivent une notification les informant que tu as commencé un live.

Bon à savoir

Les stories atteignent en moyenne plus de ***30 %*** des abonnés, alors que les chiffres tournent autour de ***10 %*** pour les posts Instagram, et entre ***1 et 3 %*** pour les publications des pages Facebook.

Mathias Lawal, spécialiste de l'image chez Shauna Events

Si tu veux faire un tuto ou une émission pour relayer tes actualités, les vidéos live sont parfaites pour toi. Commence par faire des tests, en créant un live une fois par mois pour voir comment les followers réagissent, puis augmente la fréquence s'ils en redemandent. Puisque le succès d'un live réside en grande partie dans la communication qui en est faite en amont, prends le temps de l'annoncer quelques jours à l'avance pour qu'il soit un rendez-vous que tes abonnés ne voudront pas rater.

Mais l'arme fatale en matière de vidéos, ce sont les lives.

Ce que je préfère ?

Mon réseau social préféré est Snapchat. Sur ce réseau, je partage bon nombre de mes instants de vie. Ce que j'aime sur Snap, c'est la liberté ! Je peux partager tout ce que je veux, ça disparaît ensuite. Sur Insta, les photos sont figées alors que sur Snap, tout est toujours en mouvement. J'aime ça, le mouvement !

5. Use et abuse des stories...

Sur Instagram, l'engagement ne passe pas uniquement par les posts, mais également beaucoup par les stories, qui sont consommées presque autant que les posts. Rester absent à ce niveau-là t'empêche de créer un lien privilégié avec tes followers. Car les stories permettent aux utilisateurs de se sentir plus proches des personnes qui les publient.

... et joue avec tous les outils disponibles !

On peut utiliser de nombreux filtres, choisir l'effet boomerang, insérer du texte et des GIF, écrire directement à la main grâce à un feutre, mettre de la musique en sélectionnant un morceau dans la banque de sons de l'application, faire des sondages, des questions/réponses, et encore plusieurs autres fonctionnalités amusantes. D'une durée de 15 secondes, elles sont très courtes et donc très impactantes. Elles sont très efficaces pour partager des moments de vie et te rendre plus accessible et humain. C'est surtout par ce biais que tes followers apprendront à te connaître.

« *Moi, j'aime bien faire au moins 5 minutes de story par jour. Il ne faut pas être invisible, c'est sûr, et c'est vrai que c'est un minimum pour partager avec sa communauté.* »

Jazz Correia

Avance à visage découvert...

Privilégie les contenus visuels. Quand tu le peux, fais apparaître ton visage sur la photo, car les photos de visages génèrent *38 %* de likes et *32 %* de commentaires en plus.

Les stories peuvent également t'aider à te connecter à d'autres utilisateurs, car tu peux tagger une personne en tapant @ puis son pseudo. C'est ce qu'on appelle un shoutout. Ceux qui visionneront ta story pourront alors cliquer sur son nom d'utilisateur et voir son compte. Essaie de reprendre régulièrement le contenu de tes followers en story, pour leur montrer ta reconnaissance et les fidéliser. Au fil du temps, tu auras rassemblé sous tes posts et dans tes messages privés de nombreuses questions parfois personnelles de la part de tes followers.

| Jazz Correia

Tu peux aussi utiliser les stories pour faire une annonce, montrer l'envers du décor d'un événement que tu prépares, ou faire ce que tu préconises au quotidien à tes abonnés. Par exemple, si tu es influenceur fitness, tu peux te filmer pendant ta séance ; si tu es dans la beauté, tu peux improviser un rapide tuto de maquillage ; si tu es influenceur travel, tu peux embarquer tes abonnés avec toi dans toutes les étapes clés de ton voyage...

Le maître mot des stories est « au-then-ti-ci-té ».

T'es pas là mais t'es où? Pour des stories efficaces, insère un sticker de géolocalisation et utilise des hashtags. Une sélection de stories est affichée sur la page d'accueil de tous les hashtags et localisations. Les autres utilisateurs pourront donc tomber dessus par hasard.

| Baptiste Giabiconi

« *Je sais que les followers, aujourd'hui, aiment me suivre car ils savent que je suis vrai et que j'ai la chance de faire des choses exceptionnelles avec mon métier ! Ils me voient dans les backstage des défilés ou à la Fashion week. Ils adorent !* »

Baptiste Giabiconi

« *Fais des questionnaires, des lives pour discuter et des sondages. Ça crée de l'interaction et c'est aussi sympa pour les followers que pour nous !* »

Carla Moreau

Autre avantage des stories Instagram, et pas des moindres : lorsque l'on atteint 10 000 followers, on peut insérer un lien cliquable en story, et les abonnés n'ont plus qu'à « swipe up », c'est-à-dire à glisser leur doigt vers le haut, pour être redirigés vers le lien. Un outil redoutable, quand on sait que le seul autre endroit où l'on peut insérer un lien cliquable est la bio.

« *Faire des stories, c'est primordial parce que ça permet de créer de l'interactivité avec les followers et de leur parler en direct. Et ça, j'aime beaucoup.* »

Nabilla Benattia

Dans l'idéal, essaie de poster au moins une story toutes les 12 h, pour en avoir toujours au moins une sur ton feed. Tu peux également choisir d'en mettre plusieurs à la une. Elles seront ainsi visibles autant de temps que tu le souhaites. Les utilisateurs qui ne te suivent pas encore pourront te découvrir grâce à ces petites vidéos et voudront appuyer sur « s'abonner ».

| Nabilla Benattia

Quelques tips pour être **toujours au top**

Aide-toi de plusieurs applications

Gérer plusieurs réseaux à la fois peut être un véritable casse-tête et demande une certaine organisation. Heureusement, il existe plusieurs applications très utiles qui aident à gagner du temps et à se concentrer sur l'essentiel : offrir du contenu de qualité aux followers.

Pour une gestion optimale

Hootsuite

Cette application payante permet de gérer de nombreux réseaux sociaux, dont Facebook, Instagram et Twitter. On peut notamment planifier et gérer ses publications, analyser leur performance, et créer des concours et des campagnes.

Iconosquare

Payante et très complète, elle permet de gérer plusieurs comptes Instagram et Facebook à la fois.

On peut alors planifier ses publications, obtenir des statistiques plus poussées sur son propre compte et celui des concurrents, et gérer tous ses commentaires.

Crowdfire
Freemium, elle offre entre autres des statistiques complètes sur ses followers et sur ses comptes Facebook, Twitter, Instagram et YouTube. On a la possibilité de planifier des publications et de trouver au même endroit tous les commentaires et les mentions des différents comptes. Cette application est très utile pour Twitter en particulier.

| Magali Berdah

Pour de beaux visuels

Afterlight & Adobe Lightroom Cc
Ces deux applications payantes permettent de faire des retouches photos et de leur appliquer des filtres pour les rendre professionnelles et esthétiques.

Huji Cam
Cette application gratuite prend la forme d'un appareil photo jetable. Toutes les photos prises ont un air vieilli et rétro très esthétique et tendance.

Inshot
Freemium, cette appli permet de faire simplement des montages vidéo au rendu professionnel. On peut adapter les formats et rendre les vidéos verticales, ce qui est pratique pour les stories Instagram ou les vidéos IGTV, par exemple.

Pour Instagram

Repost

L'application permet de reposter très facilement le contenu d'un autre compte, avec la mention de l'auteur original du poste. Elle est très utile, car reprendre le contenu d'autres utilisateurs est important pour créer une communauté et montrer de l'intérêt aux autres.

Color pop effects

Dès qu'une photo est chargée sur l'appli, elle passe en noir et blanc. On peut alors colorier la zone de l'image dont on souhaite garder la couleur et appliquer un filtre pour ajouter une autre touche à la photo. C'est très pratique pour avoir un feed original.

| Magali Berdah

Layout

Conçue par Instagram, elle permet de faire des collages de plusieurs photos, pour les rendre amusantes ou plus esthétiques. On peut choisir des images dans son propre album ou prendre des instantanées directement sur l'application.

Mathias Lawal

« *Les smartphones ne cessent d'innover en matière de technicité et de performance. On peut obtenir des résultats presque semblables à des appareils photo professionnels. Les logiciels de retouches sur smartphone redoublent d'ingéniosité afin de nous offrir de nouvelles expériences. De nos jours, nous n'avons plus besoin d'avoir les connaissances d'un photographe ou d'un retoucheur/graphiste pour obtenir de jolies publications.* »

Mathias Lawal

Sur Instagram, fais attention aux hashtags

Pour booster la visibilité des posts, les hashtags sont un outil incontournable à utiliser à bon escient. L'application permet un maximum de 30 hashtags en légende et 30 autres en commentaire. En revanche, ce n'est pas parce que le réseau le permet qu'il faut en utiliser autant ! Mettre trop peu de hashtags n'est pas bon pour la visibilité, mais trop en utiliser ne l'est pas non plus, car la publication sera considérée comme un spam, et donc enterrée. L'idéal est d'en utiliser entre 7 et 15. Aucun d'entre eux ne doit être vain. Ils doivent avoir un lien avec la publication et être pertinents. Il est important de ne pas utiliser tout le temps les mêmes hashtags, afin de diversifier l'audience touchée. Pour obtenir une bonne visibilité sans trop être noyé dans une masse de posts, il est judicieux d'utiliser des hashtags ayant environ 200 000 publications. Pour savoir quels hashtags utiliser, n'hésite pas à regarder ceux auxquels ont recours les plus gros comptes de ton secteur.

Pense aussi à t'abonner aux hashtags les plus pertinents de ton domaine pour voir apparaître sur ton fil d'actualité des posts l'incluant. Cela te permettra de découvrir de nouveaux comptes et de nouvelles personnes avec lesquelles discuter. Pour cela, il te suffit de taper un hashtag dans la barre de recherche, comme #music, et de cliquer sur « s'abonner ».

| Oiseau Tyson

Lie tes différents réseaux

Contrairement à ce qu'on pourrait croire, les utilisateurs ne pensent pas forcément à aller consulter tous les réseaux des comptes qu'ils suivent. Ainsi, même si une personne te suit sur Facebook ou YouTube, elle ne pensera pas forcément à s'abonner à Instagram, même si elle y a un compte. C'est pourquoi il est important de lier tes différents réseaux. Sur Instagram, tu peux par exemple lier ton compte Twitter et Facebook, et ainsi publier un post à la fois sur Insta et sur les deux autres réseaux. Tu peux aussi inviter les abonnés d'un réseau à te suivre sur l'autre, en leur expliquant ce qu'ils y gagnent. Si ton contenu est exactement le même sur les deux réseaux, ils ne verront pas forcément l'intérêt de te suivre à plusieurs endroits… alors offre des contenus divers !

Leur secret pour créer de l'engagement ?

« Je partage ma vie. Des instants de vie au quotidien. Je laisse les gens entrer dans mon quotidien et je leur dévoile beaucoup de choses. Ça semble leur plaire. »

Jessica Thivenin

« Je sais ce que mes followers aiment. Le lifestyle et, surtout, la famille. Mon secret, c'est montrer le bonheur de ma famille. »

Laurent Correia

« Je pense vraiment que soigner son image est primordial. Faire de jolies photos, proposer des choses, étonner, et aussi, avoir de bons conseils et des bons plans à partager. »

Carla Moreau

« Quand on aime les animaux et qu'on arrive sur mon Snap, c'est difficile de se désabonner parce que l'amour des animaux, c'est fort. Je donne notamment des conseils sur comment nourrir les petits oisillons ; on peut apprendre plein de choses sur les animaux. »

Oiseau Tyson

« Je ne fais jamais de plans sur ce que je vais poster ou pas. J'alterne entre les posts sur mon feed et les story IG. Je fais comme j'ai envie. Je marche à l'instinct et dans l'instant. C'est aussi ça qui fait que je suis authentique sur mes réseaux. »

Adil Rami

« Mon secret, c'est ma personnalité et le fait d'être toujours fidèle à moi-même. Je réponds aux commentaires, je fais des belles photos. Je propose aussi du contenu, des voyages, des looks. Le secret est de toujours partager avec mes followers mes passions. »

Nabilla Benattia

Ma parole d'experte !

Être proche de sa communauté. Partager des coulisses de sa vie. Répondre à leurs questions, à leurs commentaires, à leurs demandes de codes promos. Voilà comment la communauté vit et continue de grandir.

« Le secret, c'est de faire beaucoup de stories pour que les gens continuent à te suivre, de faire réagir ta communauté, d'essayer de leur poser des questions, d'utiliser les sondages Snapchat, d'aborder des sujets qui peuvent parfois sembler touchy mais qui plaisent à sa communauté. »

Emma CakeCup

« Je fais des questions-réponses tous les week-ends, je réponds aux messages privés et je partage le maximum de choses sur Instagram. C'est important pour moi et je sens que les gens sont réactifs ! »

Baptiste Giabiconi

« Je pense que ma personnalité joue beaucoup. Je suis quelqu'un qui aime la vie et qui ne se prend pas la tête. Je ne partage que ce qui plaît et ce que je suis. Donc mon secret pour créer de l'engagement avec mes followers, c'est d'être le plus naturel possible. »

Julien Tanti

« Rester soi-même et ne pas jouer de rôle. Il ne faut jamais oublier d'où l'on vient. Le respect de ma communauté et mon public sont deux choses primordiales pour moi. »

Gims

Je veux me faire repérer par des marques

Help !

Des idées ?

Quand on aime, on partage ! C'est toute l'idée d'une communauté. Tu as vu certains profils sur Instagram qui abondent de cadeaux et ne cessent de dire « merci merci merci » tous les jours ! Alors, pourquoi pas toi ?
Ton profil est installé, tes followers sont attentifs et fidèles. À toi de jouer ! Tu adores partager tes conseils et astuces auprès de ta communauté, et tu voudrais maintenant passer à la vitesse supérieure en collaborant avec des marques, non seulement pour recevoir des produits de leur part, mais également pour en faire profiter tes abonnés. Mais comment s'y prendre ? Suis le guide !

Comprends ***le besoin*** *des marques*

Avant l'explosion du digital, les marques se contentaient de publicités télévisuelles, print (éditées), ou en point de vente. L'arrivée d'Internet et des réseaux sociaux a changé la manière de consommer des acheteurs, et les marques ont dû s'adapter. C'est pourquoi elles sont désormais très nombreuses à avoir pris le pas du digital et à mettre à profit les réseaux sociaux, non seulement pour communiquer sur leur catalogue et se rapprocher de leurs clients, mais également pour placer leurs produits sur une multitude et une variété de comptes, afin de gagner en visibilité et générer des ventes. Par ces actions, les marques luttent contre la méfiance généralisée des consommateurs à leur égard. Les réseaux sociaux leur permettent de raconter leur histoire à travers un storytelling souvent très étudié, et ainsi à paraître plus proches des consommateurs. La concurrence est très rude, parce qu'il existe sur Instagram 15 millions de comptes d'entreprise et plus de 2 millions d'annonceurs actifs par mois. Ces chiffres sont préoccupants pour les marques, qui se

Bon à savoir

75 % des consommateurs se réfèrent aux réseaux sociaux pour décider d'un nouvel achat et *84 %* passent à l'acte suite aux avis d'autres consommateurs.

doivent d'innover pour se démarquer de leurs concurrents, mais ils représentent également une réelle aubaine pour tous les clients souhaitant devenir des influenceurs.

| Carla Moreau

Tu fais partie de ces clients. Il y a peut-être des marques que tu aimes beaucoup, et dont tu parles naturellement autour de toi. Tu les conseilles à tes proches, à tes amis, sans rien recevoir en retour. Grâce à tes réseaux, tu peux désormais consommer des produits tout en en retirant un bénéfice. Peu importe ton profil d'influenceur, tu pourras très certainement trouver des marques avec lesquelles collaborer. Mais il faut savoir que, pour nouer des partenariats et faire de la publicité, un réseau en particulier est privilégié par les marques. Si tu penses à Instagram, tu as tout bon! Selon une enquête Reech, 73 % des marques sollicitent des influenceurs sur Instagram, bien loin devant les blogs, qui intéressent 47 % des marques, et YouTube, qui n'en intéresse que 13 %.

« *Depuis toujours, j'aime donner des conseils, j'adore la mode et je partageais tout ça avec mes proches. Dans ce métier, j'ai retrouvé tout ça mais, dorénavant, je ne le fais plus seulement pour mon entourage, je le fais pour un plus grand nombre!* »

Carla Moreau

Que recherchent les marques ?

Ma parole d'experte !

Bien souvent, ce qui attire les marques sont les comptes avec de nombreux followers, un fort taux d'engagement et une vraie ligne éditoriale. Mais rassure-toi : il ne faut pas forcément avoir 100 000 followers pour réussir à se faire repérer par des marques et nouer des partenariats. Bien au contraire, à l'heure actuelle, les marques sont de plus en plus en recherche de micro-influenceurs.

| Mathias Lawal

Les micro-influenceurs, comme leur nom l'indique, sont des influenceurs ayant un « petit » nombre d'abonnés. Les chiffres varient, mais on considère généralement qu'un micro-influenceur a entre 1000 et 10 000 followers.

La bonne nouvelle, c'est que même les personnes ayant moins de 1000 abonnés peuvent intéresser les marques ! 9 % des influenceurs interrogés par Reech ont noué leur premier partenariat en ayant moins de 500 abonnés, 20 % entre 500 et 1000 abonnés et 34 % entre 1000 et 5000 abonnés. De quoi donner envie de se lancer, non? En plus, il ne faut pas forcément attendre des années avant de se faire repérer. 93 % des influenceurs ont été contactés durant leur première année d'activité.

Il n'y a pas d'âge pour se faire repérer !
17 % des influenceurs ont entre 12 et 18 ans, *32 %* entre 19 et 25 ans, *25 %* entre 26 et 30 ans, *21 %* entre 31 et 40 ans et *5 %* ont 41 ans ou plus.

Ce qui plaît aux marques, c'est le discours très authentique des micro-influenceurs, qui ont de fait un réel impact sur leurs followers. Les micro-influenceurs de moins de 1000 abonnés reçoivent en moyenne 8 % d'engagement sur leurs posts, contre 1,6 % pour les influenceurs de plus de 10 millions d'abonnés. Les micro-influenceurs établissent un vrai dialogue avec leur communauté, car ils répondent à tous les commentaires et sont assez proches de leurs followers. Lorsqu'ils font des recommandations, ils ont tendance à être écoutés par la majorité de leurs abonnés. En plus, en règle générale, les marques ne les rémunèrent pas, ou très peu, ce qui constitue pour elles un réel bénéfice et une raison supplémentaire de se tourner vers eux.

« *Pour se faire repérer par des marques, il faut ressentir l'authenticité dans les publications, mettre en avant sa personnalité, être constructif, créatif et curieux. Observer ce que les autres font afin d'innover à son tour, trouver de nouvelles pistes pour se différencier des autres influenceurs.* »

Mathias Lawal

Quels types de partenariats ?

La photo de produit

Bien souvent, ce post ressemble à ceux qui apparaissent déjà sur ton feed, sauf que tu te mets en scène spécialement pour promouvoir le produit qui t'a été envoyé.

La vidéo de présentation

Tu fais une vidéo assez courte et rapide pour présenter le produit à ta communauté, parler de ses bienfaits, de ses avantages et inconvénients.

Bon à savoir
37 % des influenceurs sont sollicités entre 1 et 3 fois par semaine par des marques.

Le concours

La marque te propose de faire gagner un de ses produits à un ou plusieurs de tes abonnés. Cela te permet d'agrandir ta communauté à moindre coût.

La story

En plusieurs stories, tu testes le produit et tu donnes tes impressions en toute transparence. Tu peux ensuite les mettre à la une pour qu'elles restent consultables même après 24 heures.

La réduction exclusive

La marque offre une réduction à toute ta communauté en proposant un code promo à ton nom. Grâce à lui, tes followers peuvent avoir, par exemple, 10 % de réduction sur le catalogue de la marque.

Le bon d'achat

Tu peux faire gagner à tes followers un bon d'achat d'une certaine valeur à utiliser sur les produits de la marque.

« *Pour la plupart de mes partenariats et affaires, ce sont des demandes de ma communauté. Il m'arrive même de faire des sondages pour savoir dans quel nouveau projet mes abonnés aimeraient me voir. Si je sens qu'ils vont me suivre, je me lance. Je leur fais confiance !* »

Ayem Nour

| Ayem Nour

Attire l'attention
de tes marques favorites

C'est bien utile de comprendre ce que les marques recherchent, mais il faut aussi savoir comment attirer leur attention. Parce que, parfois, attendre d'être contacté ne suffit pas. Pour se faire remarquer par des marques, il faut soigner son image et sa communication au quotidien.

Trois social faux pas à éviter

1. Acheter des followers

Attention à ne surtout pas tomber dans ce travers ! Construire une communauté solide et nombreuse prend du temps, et il est parfois tentant d'avoir recours à la solution de facilité, de sortir le portefeuille pour donner l'illusion d'une grosse communauté. De nombreux sites proposent d'acheter un certain nombre de followers pour une somme attractive.

10 000 followers pour 10 € ?
Je te sens tenté.

Mais ces abonnés, une fois achetés, ne te servent à rien d'autre qu'à l'apparence. Car ils n'interagiront jamais avec ton contenu. Ils ne te laisseront aucun like, aucun commentaire. Tu es déjà tombé sur des comptes à 25 000 followers et seulement 150 likes par publication ? Si en tant qu'internaute tu trouves que ce n'est pas normal, dis-toi que les marques sont encore moins dupes que toi. Elles ne recherchent pas des comptes qui en jettent avec leur nombre exorbitant d'abonnés. Elles préféreront très largement un micro-influenceur aux 10 000 followers et au taux d'engagement de 10 %, qu'un « macro-influenceur » affichant 300 000 followers, mais avec seulement 0,7 % de taux d'engagement.

« *Les placements de produits sont bien perçus car je propose des produits qui me correspondent et que je teste réellement. Compléments alimentaires, électro stimulation.... c'est mon quotidien. Donc c'est cohérent pour les gens !* »

Baptiste Giabiconi

2. Poster uniquement des visuels Photoshop ou Canva

Avec Photoshop et Canva, tu peux réaliser des visuels très esthétiques. Canva est un site de design freemium qui permet de modifier des templates pour se les approprier et faire des visuels qui attirent l'œil, ce qui est parfait pour Instagram. Un template, c'est tout simplement un modèle, un exemple sur lequel on se base pour créer du contenu. Mais attention à ne pas en abuser, car publier uniquement ce genre de visuels enlève très vite le côté humain que les marques recherchent dans un compte. Ce qu'elles veulent, c'est une personne qui pourra mettre en avant leur produit. Or, les visuels tout faits sont trop impersonnels pour cette démarche. Une mise en avant de produit ne trouverait pas sa place sur un feed rempli de visuels tout préparés, aussi beaux soient-ils.

| Carla Moreau

| Jessica Thivenin

3. Poster une légende hors sujet

Tu le sais, les descriptions qui accompagnent tes posts ont une grande importance. Elles aident à contextualiser tes photos et permettent aux lecteurs de mieux cerner ta personnalité. Il faut toujours les soigner. Il vaut mieux éviter l'erreur de poster une photo et d'écrire une légende qui n'a absolument rien à voir. Personne ne comprendra. Par exemple, ne publie pas la photo d'un tag croisé au détour d'une rue, pour raconter en légende que tu viens de terminer tes révisions spéciales exams et que tu as hâte que tout soit fini. Ce n'est pas logique et ça te décrédibilise. Les marques qui passeront par là ne verront pas en toi le bon influenceur pour les représenter, car elles auront peur que tu sois hors de propos en postant une photo de leur produit. Parfois, si tu ne sais pas quoi écrire en légende, une simple phrase suffit. Pour accompagner ta photo de graffiti, tu peux simplement écrire : « Les tags, je trouve ça super stylé, surtout celui-là ! Et vous ? » Simple, efficace !

Quatre bons réflexes à adopter

1. Choisir son réseau de prédilection selon sa stratégie de marque

La stratégie de marque diffère d'un réseau à l'autre et les annonceurs seront intéressés par des influenceurs selon la stratégie qu'ils souhaiteront adopter. Sur Instagram, tous les domaines d'influence marchent, alors qu'un réseau social comme YouTube sera davantage tendance à être adapté à la mode et la beauté. Il faut avoir conscience qu'Instagram est un réseau bien plus court terme que YouTube. Sur Insta, les publications et stories apparaissent de manière instantanée. Les posts sont mis en avant pendant une journée, deux maximum. Sur ce réseau, les marques font appel à des influenceurs dans le cadre d'une campagne instantanée pour générer des ventes à un instant T. L'audience ne reviendra pas sur une publication deux semaines plus tard pour acheter le produit mis en avant. Très souvent, si la décision d'achat ne se fait pas tout de suite, elle ne se fera plus, à part si l'influenceur poste le même produit à plusieurs reprises.

À l'inverse, on attendra d'une YouTubeuse beauté des conseils, de l'expertise, du temps. Son audience devra regarder attentivement ses vidéos, peut-être à plusieurs reprises, avant de se décider à acheter un produit. Le déclenchement de l'acte d'achat sera donc plus long.

2. Tagger des marques

Tu possèdes certainement déjà de nombreux articles de marque. Ce peut être un carnet que tu as acheté récemment, une veste, une montre, un blush, une crème de jour, une boisson protéinée, une bougie parfumée... Tu as acheté ces articles, et tu les aimes beaucoup. Alors, pourquoi ne pas tagger les marques concernées dans chacun de tes posts ? Elles seront alertées de la mention que tu as faite, et auront accès à ta publication. Plusieurs cas de figure peuvent se présenter, tous positifs :

- soit la marque verra passer la notification sans réagir, peut-être parce qu'elle croule déjà sous les mentions ;
- soit elle aimera ton post, ce qui te donnera une meilleure visibilité, puisque chacun peut voir les posts aimés par les personnes qu'il suit ;
- soit elle repostera ta photo, le Graal en terme de visibilité ;
- soit elle te proposera une collaboration.

| Laurent Correia

« *C'est important de parler de produits qu'on aime vraiment ! La sincérité est primordiale. Il faut que ton image soit bien définie pour que les marques t'approchent. Et c'est ton image qui va attirer les marques : ton style de feed et de quel genre d'influence tu te revendiques.* »

Laurent Correia

Peu importe la situation, tu en retireras du positif. Les marques ne connaissent pas tous les influenceurs en activité. En les taguant, tu leur indiques que tu existes et que tu les apprécies. Même si elles ne te sollicitent pas tout de suite, elles penseront peut-être à toi une autre fois. « Rien ne se perd, tout se transforme ». En l'occurrence, tu finiras par transformer l'essai.

3. Contacter spontanément les marques

Peut-être te dis-tu qu'il est hors de question de contacter des marques parce qu'elles viendront à toi d'elles-mêmes, ta nouvelle notoriété aidant ? Ce n'est pas nécessairement un bon calcul. Contacter les marques ne revient pas à faire la manche, en tous les cas quand on les approche convenablement. Il faut garder en tête que les marques n'ont pas forcément le temps de prospecter pour trouver des influenceurs. Beaucoup sont à l'écoute des sollicitations. Tu ne dois pas hésiter à les contacter pour tenter ta chance, même si tu es un peu en dessous des 1000 abonnés. Et si le marketing d'influence s'est beaucoup développé, il arrive également que certaines marques soient désarçonnées face à la recherche d'influenceurs et ne sachent pas comment les cibler. Il faut donc sauter sur l'occasion. Mais comment demander un partenariat de la bonne manière ?

Julien Tanti |

Quels sont tes atouts ?

Parmi ceux que tu peux citer, il y a bien sûr le taux d'engagement de ta communauté, les articles que tu as déjà écrits si tu es blogger, ou bien les posts que tu as déjà faits. Comme tu as choisi un ou deux domaines de spécialisation, tu peux mettre en avant ton expertise sur le domaine dans lequel la marque se positionne.

Il est important d'apporter quelques données chiffrées pour rassurer la marque. Le nombre d'abonnés que tu as, de commentaires que tu reçois, de visiteurs uniques par mois et de pages lues si tu tiens un blog.

« *Mettez en avant votre personnalité! Montrez que vous avez une opinion sincère et que vous êtes honnête! Les gens seront rassurés. Il faut poster des stories tous les jours de votre quotidien. Mettez aussi en avant des produits que vous avez achetés.* »

Baptiste Giabiconi

Qui sont tes followers ?
La marque a besoin de connaître ton audience, car si elle fait un partenariat avec toi, tes followers seront ses potentiels futurs clients. Il est donc primordial que tu connaisses bien tes abonnés et ce qu'ils aiment. Grâce aux statistiques de ton compte Instagram, tu peux connaître le profil de tes abonnés (leur âge et leur sexe notamment). Les commentaires qu'ils te laissent et les interactions que tu as avec eux te permettent de connaître leur profil un peu plus précisément.

Comment vas-tu mettre la marque en avant ?
Comptes-tu faire un article sur ton blog, poster une photo du produit sur Instagram, ou alors un tuto vidéo sur YouTube? Est-ce que ce sont plutôt les concours et les cadeaux pour tes abonnés qui t'intéressent? Il est important de préciser tes intentions et tes attentes, pour que la marque ait tous les éléments en main afin de prendre sa décision. Tu peux également indiquer que tu es prêt à mettre le produit en avant de plusieurs manières, sans avoir à faire un choix spécifique. Dans ce cas, cite les différentes façons de faire qui te parlent.

Bon à savoir !
Les trois critères les plus importants pour les influenceurs dans leur choix de partenariats sont : le produit proposé, l'ADN de la marque et ses valeurs, et la manière dont s'est passée la prise de contact.

Une fois que tu as réfléchi à tout cela et que tu sais ce que tu souhaites promouvoir, essaie de créer un PDF récapitulatif incluant toutes ces données, en y ajoutant aussi des visuels dans la mesure du possible (des photos que tu as prises et qui pourraient être en accord avec l'ambiance et l'identité de la marque). Le fait d'avoir un document récapitulatif mâchera le travail des équipes marketing et donnera une impression de professionnalisme qui les rassurera.

Quelles marques viser ?

Il est essentiel d'identifier les marques qui te ressemblent et de ne pas tomber dans le travers d'envoyer des mails à tout-va en espérant recevoir une réponse un jour. Dans toutes les actions que tu entreprends sur tes réseaux, reste constamment sur une logique de qualité. Vise les marques qui te plaisent, qui véhiculent les mêmes valeurs que toi et qui ont une audience similaire à la tienne. C'est la condition pour réussir une collaboration avec un annonceur.

Jessica Thivenin

« *Si je montre des produits, c'est parce que je les utilise au quotidien, que je les aime et que je fais confiance aux marques. Je les partage avec mes abonnés, parce que si ça me plaît, ça pourrait leur plaire aussi. Promeus des choses que tu utilises et que tu aimes. Il faut créer un lien de confiance et être fidèle à soi-même.* »

Jessica Thivenin

« *Restez naturels et ne faites rien sous la contrainte. Faites toujours quelque chose que vous aimez. Partagez uniquement des produits que vous utilisez et ne dupez jamais personne. Partager pour partager, ça ne sert à rien et les utilisateurs des réseaux sociaux le ressentent systématiquement. Il ne faut donc partager avec ses abonnés que des produits qui nous tiennent à cœur.* »

Julien Tanti

Nabilla Benattia |

« *Il m'arrive parfois de faire des placements de produits dans mes clips. Sur mes réseaux, je peux faire la promotion de marques parce que ce sont des marques que j'aime et que je porte.* »

Gims

Gims |

4. S'inscrire sur des plateformes d'influence

Il existe aujourd'hui des dizaines de plateformes servant d'intermédiaires entre les marques et les influenceurs. Leur but est de faciliter et encourager le marketing d'influence. Dans certains cas, les marques ne s'occupent de rien, si ce n'est d'expliquer la direction générale qu'elles souhaitent donner à une campagne. Dans d'autres, une liste d'influenceurs est mise à disposition des marques et c'est à leurs équipes de rechercher elles-mêmes les influenceurs qu'elles souhaitent contacter.

Votre profil nous intéresse !

En tant qu'influenceur, tu as simplement à t'inscrire et à indiquer le nombre de followers que tu possèdes et le genre de produits que tu aimerais recevoir. Tu peux alors envoyer des candidatures aux campagnes que tu vois passer et qui te semblent intéressantes, ou alors être directement contacté si ton profil correspond à l'une des campagnes proposées. Grâce à ces plateformes, tu peux tester les produits de grandes marques avec lesquelles tu n'aurais pas forcément eu la possibilité d'entrer en contact seul. C'est donc une option à ne pas négliger lorsque tu cherches activement à collaborer avec des marques.

« *Être influenceur, ce n'est pas que faire des collaborations. C'est aussi montrer des astuces pour la vie de tous les jours, des produits que les gens ne connaissent pas et qu'on aime, des vêtements qu'on porte, et tout ça sans être payé pour le faire. Il n'y a pas que l'aspect financier dans tout ça... Il y a aussi l'envie de partager avec sa communauté !* »

Nabilla Benattia

Influencer, c'est aussi donner de la voix !

« Quand on a de la notoriété, il faut aider les gens. On peut donner l'exemple. Moi, par exemple, je suis heureux parce qu'avec mon Snap et ma notoriété, j'ai réussi à donner de l'argent à la SPA. Grâce à ma marque de tee-shirts, j'aide des associations qui aident les SDF. On vit grâce aux autres et il ne faut pas les oublier ! »

Oiseau Tyson

« Je pense que c'est bien aussi de s'engager pour des causes. Moi, par exemple, je suis à fond dans la cause animale et LGBT+, que je défends et que je partage beaucoup sur les réseaux sociaux. Avoir une communauté, ça aide pour discuter de sujets de société par exemple. Et les gens nous écoutent, donc c'est bien aussi de les sensibiliser. »

Emma CakeCup

| Emma CakeCup

Et ensuite ?

Ça y est !

Après des mois d'efforts, de sueur et parfois de larmes, tu y es arrivé. Tu es devenu macro-influenceur et ta communauté atteint des chiffres impressionnants. 50 000 followers, 60 000, 80 000, 100 000... On ne t'arrête plus. Tu es passé de l'excitation ultime où tu fêtais chaque nouvel abonné à une sorte de force tranquille sûre de sa stratégie ! Et tu as raison : tu as suivi les conseils, tu les as appliqués un à un et résultat : ça paye !
Seulement voilà, quelques milliers de followers plus tard, tu ne sais plus comment capter de nouveaux abonnés pour faire en sorte que cette montée en puissance perdure. Pas de panique, nous sommes là pour toi !

Aller **Plus haut !!**

Investis dans un bon équipement

Tu sais que tu n'es pas arrivé à ce stade par hasard. Il t'a fallu de nombreux efforts et beaucoup d'imagination pour toujours réussir à proposer un contenu unique et de qualité à tes abonnés. Si ce n'est pas encore fait, tu devrais maintenant penser à investir dans un appareil photo de qualité pour donner naturellement une touche plus professionnelle à tes clichés afin d'améliorer grandement la qualité de ton feed. Il existe plusieurs sortes d'appareils photo et de caméras : les compacts, les reflex, les hybrides, les instantanés, les caméras d'action... Chacun d'entre eux est adapté à différents types d'images et d'expérience. Alors, renseigne-toi bien et cerne tes besoins et tes envies avant d'investir.

À chacun ses outils !

Si tu es un sportif extrême, tu seras peut-être intéressé par la caméra d'action, qui est idéale pour les activités en extérieur et qui donne la possibilité de faire des prises de vues immersives. Tu peux en trouver à partir de 200 €. Si tu es plutôt un baroudeur qui ne rate pas une seule occasion de faire des photos qui en jettent à chacun de tes voyages, privilégie un appareil pratique à transporter, comme un compact.

Avec un budget de 500 €, tu peux trouver un appareil très convenable. Le reflex, quant à lui, saura répondre aux besoins de presque tous les influenceurs, car il est très complet et propose différents types d'objectifs. Il est particulièrement adapté aux personnes qui aiment la photo et qui souhaitent avoir un réel contrôle sur leurs prises de vue. Il faudra compter autour de 300 € pour un boîtier nu reflex, et autour de 150 € pour un objectif entrée de gamme.

Nabilla Benattia

Jazz et Laurent Correia

Les grands moyens ne sont pas toujours nécessaires !

« *Beaucoup d'influenceuses font des shootings photos pour leur feed Instagram. Moi, je ne suis pas trop dans ce credo. Je crois que j'ai un très bon taux d'engagement aussi parce que je fais des photos « normales ». J'aime que mes photos ne soient pas vraiment posées. Je préfère l'instantané.* »

Jazz Correia

Ne fais pas l'impasse sur un bon matériel !

Garde en tête que ce n'est pas parce que tu achètes un appareil haut de gamme que tes photos seront forcément exceptionnelles ! Comme on dit, l'appareil ne fait pas le photographe. Il est nécessaire que tu connaisses ton matériel pour en tirer le meilleur potentiel. Selon un certain angle, sous une lumière particulière, ta photo n'aura pas le même rendu. Prête également une attention à tes retouches, car ce sont elles qui lui apporteront quelque chose d'unique. Si tu sais te débrouiller sur Photoshop, tu as de quoi faire. Mais les applications de traitement d'image comme Lightroom sont très efficaces. Privilégie les tons chauds et les couleurs lumineuses, car ils attirent les likes.

« *Pour avoir un feed Instagram attrayant, la règle numéro 1 pour moi est la qualité des publications associée à la « patte » et la personnalité de l'influenceur. Jongler entre photos et vidéos permet de diversifier son feed. On doit vraiment ressentir l'authenticité afin que le contenu ait un vrai impact.* »

Mathias Lawal

« Mon réseau social préféré est Instagram. J'aime l'idée de pouvoir diversifier mes publications. Parfois, je vais être plutôt d'humeur à poster des stories, puis des vidéos et enfin des photos. J'aime la diversité qu'offre ce réseau. »

Gims

Ce qui compte le plus, c'est le taux d'engagement de ta communauté.

Faut qu'ça bouge !

Sur Instagram, ce renouvellement peut passer par un changement de feed, par exemple. L'une des fonctionnalités du réseau permet d'archiver ses photos. Elles disparaissent alors de ton feed et toi seul y as accès dans ton dossier archives. Il te suffit d'un ou deux clics pour les afficher de nouveau sur ton profil si l'envie te prend. De cette manière, tu peux changer de feed de temps en temps pour ne pas tomber dans la monotonie. Jusqu'à présent, le bleu était la couleur dominante ? Pourquoi ne pas passer au vert ? Tu as toujours posté des photos carrées ? Pourquoi ne pas jouer avec les cadres et proposer un feed avec plusieurs formats d'images ? L'important est de constamment apporter un contenu unique et de qualité à tes abonnés pour que toute personne tombant par hasard sur ton profil soit impressionnée et veuille te suivre au premier coup d'œil.

Gims

| Laurent Correia

« *Pour le futur : il faut viser les étrangers. Les Français nous connaissent, maintenant. Il faut viser les followers d'autres pays.* »

Laurent Correia

Renouvelle-toi

Pour développer ta communauté, tu as, jusqu'à maintenant, proposé un certain type de contenu, et tu as constaté que ça plaisait à tes abonnés. Mais si ça fait plusieurs mois que tu fonctionnes sur le même modèle, il est peut-être temps de te renouveler un peu. Change de poses, d'angles de vue. Si tu fais plutôt des vidéos essaie de modifier légèrement le format, le discours d'introduction. Le but est de montrer que tu sais innover. En opérant quelques changements, tu peux t'ouvrir à d'autres personnes qui seront plus sensibles aux nouveautés que tu proposes.

Comment conserver une communauté engagée ?

Fais des partenariats avec d'autres influenceurs

Vu ton nombre d'abonnés de plus en plus conséquent, tu connais certainement quelques influenceurs très sympas avec lesquels tu as eu l'occasion de discuter de temps en temps. Il faut profiter de ce contact pour gagner en visibilité. Cette technique marchera bien si vous avez tous les deux à peu près le même nombre d'abonnés ou si tu en as un peu plus que lui. C'est toujours mieux d'avoir un avantage numérique et de le mettre en avant. Mais comme tu le sais, le nombre de tes followers n'est pas un argument d'autorité.

S'il est bon (rappelle-toi, un bon taux d'engagement commence à 3 %), n'hésite pas à le préciser. Ton interlocuteur sera sûrement d'accord pour faire un partenariat avec toi. En règle générale, il vaut mieux choisir un influenceur qui n'a pas exactement la même cible que toi, sinon tu ne seras pas découvert par de nouvelles personnes.

Qui se ressemble s'assemble !

Essaie donc de négocier un partenariat avec une personne qui a choisi un domaine proche du tien, sans qu'il soit identique. Par exemple, si tu parles de cuisine sans gluten, tu peux t'associer à un influenceur pâtisserie. On reste dans l'univers de la cuisine et de la gourmandise, mais tu peux être sûr qu'une grande partie de ses followers ne te suit pas déjà.

Le principe d'un partenariat est donc de se faire mutuellement de la pub. Sur Instagram, vous pourrez vous mentionner en story ou, encore mieux, partager certains de vos posts sur vos feeds respectifs. Chacun conseille à sa communauté d'aller faire un tour sur le feed de l'autre, et c'est souvent un coup de boost très efficace. Sur YouTube, vous faites une ou plusieurs vidéos en commun. Mais pour que cela marche, il faut bien sûr que les deux univers ne soient pas trop éloignés, sinon les abonnés ne verront pas l'intérêt de follow la personne mentionnée, et ils trouveront l'influenceur qu'ils suivent un peu moins crédible. Alors, si on est dans le fashion, on évite de faire un partenariat avec un gamer...

Ma parole d'experte !

Pour être influenceur, il faut se faire remarquer, mais pas seulement ! Il faut créer de l'interactivité avec sa communauté et les autres comptes. Il faut faire des stories, taguer d'autres comptes, avoir du contenu qualitatif et surtout : ne pas surjouer !

Évite le shadow ban

Allez hop... Au coin !

Et là, tu te dis sûrement : « Shadow ban ? Qu'est-ce que c'est encore que ce mot barbare ? » Le shadow ban, c'est tout simplement lorsque Instagram décide de mettre un compte à l'ombre. Les personnes qui ne le suivent pas ne peuvent pas trouver ses publications via les hashtags. Eh oui ! Le shadow ban, c'est un peu comme si Instagram te mettait au coin, mais pour une durée indéterminée... Cette punition a pour effet une baisse considérable de l'engagement. Mais qu'a-t-on bien pu faire de mal pour devenir un paria sur Insta ?

- On a utilisé des applications tierces.
- On a fait des actions de masse.
- On a mal utilisé les hashtags.

Les applications tierces

Bad buzz...

Ce sont des applications servant à automatiser son activité sur Instagram. Grâce à elles, tu peux liker plusieurs photos en même temps et laisser instantanément le même commentaire sous plusieurs publications, parfois au hasard. Il en découle très souvent des situations assez gênantes, dans lesquelles tu te retrouves à poster un « J'adore ! » sous la publication d'un maître qui déplore la mort de son animal de compagnie... Ta crédibilité en prend un coup, mais ton engagement encore plus. Instagram veut que les interactions soient authentiques et humaines. Le fait de passer par des applications qui automatisent tes actions est vu d'un très mauvais œil par l'algorithme.

Ayem Nour

« *Je n'ai pas de secret pour faire grandir toujours plus ma communauté, j'en « gagne » au gré de mes publications et il m'arrive même d'en perdre. Mais si les principes d'authenticité, de qualité et de travail sont respectés, les gens viennent à vous naturellement !* »

Ayem Nour

Les actions de masse
Point trop n'en faut…

Ce point rejoint le précédent, car les actions de masse sont très souvent faites par le biais des applications tierces. Par actions de masse, on entend le fait de s'abonner à un grand nombre de comptes et de commenter et liker une multitude de posts dans la même heure. Par exemple, un utilisateur qui s'abonnerait à 80 personnes, likerait 200 photos et en commenterait une centaine en 1 heure se verrait sans hésitation mis à l'ombre par Instagram. En fait, il faut éviter de dépasser le nombre d'actions par heure autorisé par le réseau, à savoir environ 150 likes, 60 commentaires et 60 follow/unfollow.

| Jessica Thivenin

Les mauvais hashtags
Hashtag toi-même !

Lorsqu'on utilise toujours les mêmes hashtags, le réseau peut considérer que l'on se sert d'un outil d'automatisation et qu'on est un spam. Alors, il décidera de bannir les publications.

Sans le savoir, on peut également utiliser de mauvais hashtags. Car, en réalité, de nombreux hashtags sont bannis par le réseau social à cause de certaines photos. Parfois, même un hashtag qui paraît complètement innocent au premier abord peut être banni à cause du caractère offensant de plusieurs photographies qui lui sont associées. En règle générale, on évitera donc tout hashtag qui pourrait avoir un lien avec la pornographie, l'apologie de la violence, de l'anorexie, de l'automutilation, et bien d'autres encore.

Le fait de poster des publications qui sont constamment signalées par les autres utilisateurs et d'avoir recours à des services d'achat de followers peut également être des motifs de *shadow ban*, voire de désactivation complète du compte.

Une fois qu'on est mis dans l'ombre par Instagram, il est assez long d'en sortir. Il faut changer de comportement, arrêter les bots et tout autre logiciel automatisant, cesser d'acheter des followers, effacer les hashtags incriminés et arrêter de les utiliser, ainsi que faire une petite pause de deux ou trois jours. Pour vérifier si le problème vient des hashtags, on peut par exemple passer par un compte qui n'est pas abonné au sien et faire une recherche par hashtags. Si la publication n'apparaît pas, le problème vient sûrement de là.

Utilise les posts et les stories à bon escient

Comme toujours, il est important que tu mettes tes posts et stories au service de ton image. Sur les deux canaux, n'hésite pas à parler un peu de ta vie privée. Bien sûr, tu peux garder certaines choses pour toi, car tu n'es pas obligé de tout afficher au regard des autres. Mais tes followers apprécieront que tu te dévoiles et que tu leur donnes des anecdotes sur toi. Ce peut être parler de temps en temps de tes enfants, ou de ta relation avec ton conjoint, tes frères et sœurs, tes parents... En leur montrant les choses simples du quotidien avec ta famille, tu leur prouves que tu es une personne comme elles, qui a des valeurs et des sentiments. Oui, des sentiments. Parce qu'on sait que sur les réseaux, les gens peuvent très vite oublier qu'ils ont affaire à de vraies personnes, qui ont leur propre sensibilité et qui peuvent être touchées, vexées et blessées par de simples mots postés par un inconnu. Alors, leur montrer que tu es humain revient à leur dire que tu es comme eux, et cela leur donnera envie de continuer à te suivre et à s'investir.

Il faut que ça bouge !

Ce que les abonnés attendent aussi, c'est de te voir grandir et évoluer. Ils sont heureux de voir ta vie se développer. Alors, n'hésite pas à parler de tes différents succès. Tu viens d'obtenir ton bac et tu en es fier ? Raconte-leur ton expérience et le stress que tu as vécu. Donne-leur des conseils si tu peux, pour aider ceux qui le passeront après toi. Tu as été admis dans l'école de tes rêves et tu es aussi impatient que stressé ? Confie-leur ton ressenti et accepte leurs conseils (même si tu n'es pas obligé de les appliquer ensuite). Tu es une jeune maman et tu essaies de tout gérer au mieux ? N'hésite pas à parler de ton expérience, à donner quelques conseils et à en demander aussi. Une communauté sert à cela, à s'entraider.

« Je ne calcule pas le nombre de stories ou de publications, tout est une question d'envie, comme dans la vie « réelle ». Si un jour, je n'ai pas envie de publier, je ne me force pas. Ça doit rester un plaisir pour moi comme pour le public. »

Ayem Nour

Ayem Nour

Jazz et Laurent Correia

« *Avec la naissance de Chelsea et, plus récemment, de Cayden, j'ai vu ma communauté s'agrandir. Les gens voient notre vie évoluer, avancer vers du positif. On est une famille correcte, on ne fait pas de faux pas, on se tient bien.* »

Laurent Correia

« *Quand j'étais encore célibataire sur mes réseaux, ça marchait mais moyennement. Et puis, je me suis mise en couple et ma communauté a grandi. Depuis que je suis maman et que nous avons créé notre JLC Family avec Chelsea et Cayden, j'ai un impact plus grand.* »

Jazz Correia

En ce qui concerne les avancées de ta vie d'influenceur, saisis chaque occasion pour montrer l'envers du décor de tes partenariats en story et rendre chacune de tes expériences fun pour tes abonnés. Ils se sentiront encore plus proches de toi et s'investiront plus facilement en commentaire.

« *Je partage au maximum car tous les jours, j'ai entre 800 000 et 1 million de personnes qui me suivent. Je leur montre ce qu'ils ne voient pas à l'écran ou sur une photo. Ma vie intime, l'intérieur de ma maison, comment je vis avec mes enfants, les moments les plus heureux et les moments les plus tristes. Mes coups de cœur et mes coups de gueule.* »

Jazz Correia

Enfin, profite des stories pour relayer tes nouveaux posts car, comme tu le sais, tes publications ne sont pas vues par tous tes followers. Lorsque tu partages tes nouveaux posts en story, incite tes abonnés à aller les voir, les liker et les commenter. Tu auras certainement plus d'engagement qu'en postant simplement ta photo sans prévenir ceux qui ne l'auraient pas forcément vue.

« *Étant présente en télé et sur les réseaux sociaux depuis très longtemps, les gens m'ont vue grandir. Je pense que ça les intéresse qu'on grandisse tous ensemble. Maintenant, ils vont me voir devenir maman et ça leur plaît de suivre mon évolution dans la vie.* »

Nabilla Benattia

Peut-on *vivre* de ce métier ?

Après tout ce chemin parcouru, tu te dis que tu adorerais pouvoir vivre de ce métier qui te passionne et dont tu retires un véritable épanouissement. Avant de te lancer, tu étais dans le fantasme et l'imaginaire, mais maintenant, les choses sont bien réelles. Après les plans sur la comète, tu réalises que c'est un vrai métier et qu'il faut tout donner pour être récompensé ! Alors, comment faire pour en vivre ?

Bon à savoir !
87 % des influenceurs ne vivent pas de leurs partenariats et ont un travail à côté.
86 % des influenceurs français gagnent moins de 5 000,00 € par an grâce à leurs réseaux sociaux.

Vivre de tes partenariats

Il faut savoir que le marché de l'influence est très diversifié. Beaucoup de paramètres entrent en compte dans la rémunération d'un influenceur : son nombre d'abonnés, son taux d'engagement, la qualité de ses photos, la pertinence de son discours, la rareté de son profil... La rémunération dépendra également de la marque avec laquelle le partenariat est mis en place. Certaines n'ont pas de gros moyens.

Sache aussi qu'à partir du moment où tu as une communauté conséquente, par exemple 100 000 followers, tu peux trouver des moyens astucieux de recevoir des avantages et des cadeaux en échange d'une publication sponsorisée. Si tu veux voyager gratuitement pour pouvoir visiter une destination qui te fait rêver, et que tes publications tournent autour des différents spots que tu as déjà découverts à travers le monde, tu peux contacter l'office du tourisme du lieu qui t'attire, ou encore une compagnie aérienne, ou même un hôtel sur place, et leur demander de t'offrir ton billet ou ta chambre en échange d'un placement de produit sur ta page. Plus ta communauté sera grosse, plus les réponses positives seront nombreuses !

Jessica Thivenin

Lancer ta nouvelle activité

L'union fait la force !

Il n'est pas toujours facile de vivre de son statut d'influenceur, mais l'important est de ne surtout pas le considérer comme une fin en soi. Tu es devenu influenceur, c'est super, mais ce n'est pas ici que ton aventure s'arrête. Car ta nouvelle notoriété et le fait que tu sois suivi par des centaines de milliers de personnes, qui t'écoutent et te font confiance, peuvent constituer un réel tremplin pour te lancer dans d'autres activités.

> *J'ai de nombreux projets dans la production et dans la mode. Ma communauté me demande souvent des conseils pour devenir modèle !*

Baptiste Giabiconi

Tu peux par exemple, à la suite de plusieurs partenariats réussis avec une marque, collaborer sur plusieurs projets avec elle et lancer une gamme de produits. C'est possible notamment dans l'univers de la beauté.

Cela te permet d'asseoir encore un peu plus ton statut d'expert, et cela t'offre aussi des revenus complémentaires qui peuvent monter très haut.

Et le « made-it-yourself » ?

Mais au-delà des partenariats, tu peux, grâce à ton statut, décider de créer ta propre marque en jouant sur ta notoriété et sur le fait que tu connais très bien tes abonnés. Car ces centaines de milliers de personnes qui te suivent sont des clients potentiels qui seront ravis d'acheter tes produits. Si tu es influenceur déco, tu peux décider de lancer ton entreprise de décoration, par le biais de laquelle tu proposerais des services de décoration d'intérieur. Tu pourrais également vendre des éléments de déco comme des bougies parfumées ou des tableaux. Succès garanti ! Si tu es plutôt spécialisé dans la mode et que tes abonnés ne cessent de te demander où tu as bien pu dénicher cette veste magnifique que, en réalité, tu as créée et cousue toi-même, pourquoi ne pas te lancer dans le e-commerce retail ? Tu pourrais mettre tes créations en vente et en faire la publicité sur tes réseaux.

| Nabilla Benattia

Rupture de stock au rendez-vous !

Tu l'auras compris, l'important est de mettre à profit ton expertise et les demandes de tes abonnés pour créer ton entreprise. Sois à leur écoute, et tu verras qu'ils te donneront plein d'idées pour enrichir ta carrière d'influenceur !

Ils se diversifient

« Je voulais créer des choses, comme mon propre parfum. Ce dernier, d'ailleurs, me ressemble, et je voulais que mes followers sentent mon odeur. J'avais vraiment envie de créer quelque chose à moi. Et comme les retours sont très bons, je continue ! »

Jessica Thivenin

« C'est important pour moi de ne pas rester sur mes acquis, de proposer autre chose, de me diversifier. C'est galvanisant. Et puis, je le fais aussi pour ma communauté. Les gens qui me suivent aiment que je propose des projets et me voir évoluer. »

Carla Moreau

« Quand on devient une personne convoitée, qu'on a signé dans une agence, on place des produits. Moi, par exemple, je promeus des croquettes. Et effectivement, mes followers me demandent parfois pourquoi je ne crée pas moi-même ma marque de croquettes. »

Oiseau Tyson

« Ce sont mes fans qui m'ont réclamé que je lance ma propre marque, surtout de make-up. Ils ont vu que c'était une de mes passions et m'ont poussé à lancer Nabcosmétics. Le succès de ma marque, c'est grâce à eux et à leur soutien, et je les remercie beaucoup pour ça. »

Nabilla Benattia

« En ce moment, de nombreux fans nous demandent de créer notre propre marque de vêtements pour enfants. Ils sont toujours dans la demande et c'est vraiment galvanisant pour nous ! Alors, ça me fait plaisir d'être présente et de partager. »

Jazz Correia

« J'ai développé la marque "JT", créé un salon de coiffure, j'investis dans le cosmétique, le tatouage... Je ne me lance que dans des domaines que j'aime et qui me ressemblent. Donc forcément cela plaît à ma communauté et nous échangeons beaucoup sur les produits que nous lançons. »

Julien Tanti

Julien Tanti

Pour résumer ?

Pour faire vivre une communauté sur les réseaux sociaux et la faire grandir, il faut interagir ! Avec les followers via les commentaires, avec les gens via les stories ou encore, en taguant des marques. Les réseaux sociaux sont un moyen de communication. Alors, il faut communiquer de toutes les façons possibles. De là, se créent de l'engagement et de la visibilité. Ensuite, il faut poster. Beaucoup. Plus de six stories par jour, mettre des photos de qualité, préciser les lieux, les gens avec qui vous êtes. Finalement, il faut utiliser tous les outils que propose Instagram et l'algorithme fera le reste !

Lexique

Bot

Sur les réseaux sociaux, un bot est un compte qui est géré exclusivement par un logiciel. Follows, commentaires et likes sont donc produits par un ordinateur, sans humain derrière. Le but : donner de la visibilité (que ce soit un influenceur ou une marque) via des robots qui commentent, likent les publications ou postent des commentaires sur des comptes semblables au tien. Ainsi, les audiences augmentent et les prix des posts aussi. Heureusement, Instagram et les autres réseaux sociaux font très régulièrement un grand nettoyage de ces faux comptes.

Call-to-action

Sur les réseaux sociaux, le call-to-action est le terme qui définit les actions proposées par les influenceurs à leurs followers comme avec le swipe up, les participations aux concours, ou encore les inscriptions à des newsletters.

Carrousel

Le carrousel est le joli mot d'Instagram pour proposer le format « diaporama » sur les feeds des utilisateurs. Ainsi, un post fixe n'a plus à se cantonner à une seule photo. Les abonnés peuvent regarder jusqu'à 10 photos et vidéos sur le même post en faisant défiler les images via les flèches situées à droite et à gauche de la publication. On reconnaît la présence d'un carrousel grâce à une rangée de points situés en bas de la publication.

Communauté

Sur Instagram, une communauté est un ensemble de gens regroupés autour d'un même centre d'intérêt. Cette communauté peut être les followers d'un influenceur ou les abonnés à un hashtag ou à un compte de curation. Derrière une communauté se cachent des followers qui génèrent des likes et des commentaires, souvent précieux pour les marques et les influenceurs.

Compte de curation

Le compte de curation est un mot un peu barbare pour définir un concept très répandu sur Instagram. Ce type de compte a pour but de réunir, sur un seul feed, un ensemble de photos dédiées à une thématique particulière régie par le même hashtag. La cuisine française, le hockey ou encore Bali sont des exemples de thèmes de comptes de curation. En général, le détenteur de ce compte parcourt Instagram à la recherche des plus beaux clichés à reposter sur son feed de curation. Évidemment, il est dans l'obligation de taguer l'auteur du cliché. Plus récemment, des comptes de curation d'un autre genre ont émergé. Exemple avec *Amours Solitaires* qui regroupe les messages et les déclarations d'amour qu'on aimerait tous recevoir, *Bam la rencontre* (tout est dans le titre !) ou encore *Bim!* un compte de petites phrases rigolotes.

IGTV

La « télé » d'Instagram n'existe que depuis l'année 2018. Sur cette nouvelle plateforme, il n'y a que du contenu vidéo. Le but : permettre aux influenceurs, aux médias, aux artistes... de partager du contenu allant de 10 minutes à 1 heure. De nombreuses Youtubeuses l'utilisent pour partager leur tuto avec leurs abonnés !

Impressions

L'impression, quant à elle, correspond au nombre total de vues pour une publication. Si elle diffère de la portée, c'est parce qu'une publication peut être regardée plusieurs fois et être relayée par différentes personnes, ce qui augmente forcément les impressions du post. En effet, certains utilisateurs d'Instagram vont « tomber » sur ton post via les hashtags présents ou via les shoutout.

Interactions

L'interaction s'estime au nombre de « j'aime » sur l'un de tes posts, au nombre de commentaires reçus sur cette même publication mais aussi grâce à la fonction « enregistrement » disponible sur Instagram.

Personal branding

Ce terme un peu barbare, que l'on peut traduire par « marque personnelle », désigne un processus qui vise à construire son identité sur les réseaux sociaux. Pour les influenceurs, cela se rapporte à une vraie identité, à l'image de leur personnalité. Exemples avec le fait d'avoir un feed à un style de retouche d'image, des photos personnalisées, des stories qui reprennent toujours les mêmes codes...

Portée (ou reach)

La portée désigne l'audience atteinte par une publication. Autrement dit, le nombre de comptes uniques potentiellement atteints par un post ou une story. La portée est souvent plus faible que les impressions.

Regram

Sur Instagram, le terme « regram » consiste à reposter des photos d'une autre personne. Il implique de mentionner l'auteur de ladite photo. Le regram s'utilise en hashtag ou via des applications tierces qui permettent de reposter le cliché directement sur son feed, tout en ayant l'inscription « regram » en bas à gauche du post. Il est comparable au retweet sur Twitter.

Shadow ban

Le shadow ban, terme qui insinue que ton compte a été « mis à l'ombre », a été créé par Instagram. Le but premier était de lutter contre les propos homophobes, racistes et pornographiques. Aujourd'hui, Instagram s'en sert aussi pour d'autres fléaux présents sur le réseau. Dorénavant, une activité « anormale » sur IG peut entraîner le shadow ban de ton compte. Ainsi, les bot ou robots assimilés à de faux profils sont mis à l'ombre, tout comme les utilisateurs qui mettent les mauvais hashtags (et qui peuvent mettre du contenu non-autorisé). De plus, les utilisateurs qui commentent, like ou followe de manière automatique via des applications tierces sont, eux aussi, mis à l'ombre. En gros, évite de ressembler à un robot ou à un spam sur Instagram et tu ne subiras pas le terrible shadow ban !

Shoutout

Le shoutout est une technique utilisée par les instagramers pour gagner en visibilité. Le principe est simple : faire la publicité d'un compte que tu aimes, via un post ou une story. En contrepartie, ce compte devrait repartager ton post ou ta story et t'apporter des followers ou des visites sur ton profil. Il en existe deux sortes :

- le shoutout que tu fais pour partager ton coup de cœur pour un compte Instagram sans attendre de contrepartie ;
- le shoutout for shoutout, quand deux utilisateurs se renvoient la pareille pour gagner en visibilité des deux côtés.

Story

Une story ou des stories sont des formats vidéos visibles sur Instagram et Snapchat. Une story a pour particularité de n'être visible que pendant 24 heures, pour ensuite disparaître totalement. Enfin, presque... car sur Instagram, il est possible d'épingler les stories en les mettant « à la une » et, ainsi, de les rendre éternelles. Les stories permettent de partager plus spontanément du contenu. Vidéos en direct, boomerang, photo avec filtre, gif..., elles regorgent de petits éléments à ajouter pour créer de l'engouement autour du compte Instagram.

Storytelling

Le storytelling est une façon de raconter une histoire. En langage réseaux sociaux, cela se rapporte à la manière dont les influenceurs racontent leur quotidien, partagent leurs joies et leurs peines, présentent un produit qu'ils aiment. Chaque influenceur a un storytelling différent puisqu'il est très personnel et propre à chacun.

Index des hashtags

hashtags qui cartonnent

#amazing
#art
#artist
#autumn
#awesome
#beach
#Beautiful
#beauty
#bestoftheday
#black
#blackandwhite
#blogger
#blue
#cool
#cute
#design
#f4f
#fall
#family
#fashion
#fashionblogger
#fit
#fitfam
#fitness
#follow
#follow4follow
#followforfollow
#followme
#food
#foodporn
#friends
#fun
#funny
#girl
#girls
#goals
#gym
#hair
#halloween
#happiness
#happy
#health
#healthy
#home
#hot
#igdaily
#igers
#inspiration
#instadaily
#instagood
#instagram
#instagramhub
#instalike
#instamood
#instapic
#iphoneonly
#iphonesia
#l4l
#landscape
#life
#lifestyle
#like
#like4like
#likeforlike
#lol
#london
#love
#luxury
#makeup
#me
#model
#motivation
#music
#nature
#newyork
#night
#nofilter
#nyc
#ootd
#paris

#party
#photo
#photographer
#photography
#photooftheday
#picoftheday
#picstitch
#pink
#pretty
#repost
#selfie
#sky
#smile
#style
#summer
#sun
#sunset
#swag
#tagblender
#TagsForLikes
#TBT
#travel
#tweegram
#vsco
#vscocam
#work
#workout

hashtags bannis

#adultlife
#alone
#americangirl
#anal
#anon
#arse
#asia
#assday
#attractive
#babe
#ballsack
#beyonce
#bigboobs
#bigbootyhoe
#bigtits
#bigtitties
#bikinibody
#bitches
#Blowjob
#boho
#bondagesex
#boobies
#boobstagram
#boobz
#booty
#brain
#bunda
#buns
#citycenter
#clevage
#clit
#cock
#cocks
#costumes
#cum
#cumshot
#cunt
#curvygirls
#daddydirection
#daddydom
#daddylove
#dadylove
#dick
#dicks
#direct
#dm
#dogsofinstagram
#dutchgirl
#easter
#eggplant
#elevator
#faggot
#fatass
#femdom
#fetish
#fishnets
#footfetish
#freethenips
#frisky
#fucking
#fuckyou
#funbags
#girlsgonewild
#girlsofinstagram
#gloves
#graffitiigers
#grindin
#gstring
#happythanksgiving
#hardcore
#hardworkpaysoff
#hmu
#hoes
#horny
#humpday
#incest
#instababe
#instabody
#instafuck
#instahot
#instasex
#iphonegraphy
#italiano
#jizz
#kansas
#kike
#kikmeboys
#kikmenow
#killyourself
#kinky
#kissing
#kontol
#kyke
#lean
#like
#loseweight
#master
#models
#naked
#nasty
#naughtygirls
#nekkid
#newyears
#newyearsday
#nigger

#nipple
#nipples
#nips
#nobra
#nudepics
#orgasm
#overnight
#penis
#petite
#poop
#porn
#porno
#pornography
#pornstar
#proanorexia
#probulimia
#pushups
#sallyhansen
#saltwater
#seksi
#selfharm
#sex
#sexiest
#sexual
#sexyaf
#sexybody
#sexygirl
#sexys
#sexyteen
#shirtless
#shit
#shower
#singlelife
#skype
#slut
#sluts
#snowbunnies
#snowstorm
#sopretty
#spankme
#spic
#stranger
#streetphoto
#sunbathing
#swole
#tanlines
#tetas
#thickgirls
#thighs
#thinspiration
#thinspo
#thought
#tit
#tits
#titties
#titty
#todayimwearing
#toket
#twerking
#twerkteam
#twink
#undies
#vag
#valentinesday
#wank
#weed
#weedstagram
#whitegirl
#whitepower
#whore
#whores
#womancrushwednesday
#women
#workflow
#wtf
#xxx

hashtags populaires à éviter

#attractive
#baddie
#balenciaga
#bang
#beautyblogger
#bikinibody
#bombshell
#books
#buns
#butt
#curvy
#datass
#date
#dating
#desk
#fitnessgirls
#girlsonly
#goddess
#ig
#ilovemyinstagram
#instagirl
#instagram
#instamood
#killingit
#lesbian
#like
#lingerie
#love
#milf
#mirrorphoto
#models
#mustfollow
#petite
#popular
#popularpage
#pornfood
#pushups
#shesquats
#single
#snap
#snapchat
#snapme
#sopretty
#streetphoto
#tag4like
#tanlines
#teen
#teens
#tgif
#thick
#twerk
#woman
#women

Mes **remerciements**

L'année dernière, je vous ai confié ma vie, mon aventure, mon parcours. Une vie compliquée mais de femme battante. Une véritable revanche sur la vie, qui j'espère pourra servir d'exemple pour certains d'entre vous. Grâce aux centaines, voire aux milliers de messages d'amour et de soutien que j'ai reçus, je sais qu'une partie de ma mission est déjà accomplie. Et j'en suis tellement heureuse. Ce désir de témoigner est aussi le fruit de mon travail au sein de mon entreprise Shauna Events. Une société qui représente les plus grands influenceurs français. Des influenceurs qui partagent chaque jour sur les réseaux sociaux leur quotidien, leurs coups de cœur et parfois leurs coups de gueule. Leur authenticité est leur force. Ils sont uniques, de par leur parcours extraordinaire, et de leur force à affronter devant vous leurs démons. Être un influenceur, c'est savoir raconter son histoire, son quotidien dans la plus grande sincérité.

Faire en sorte que ce guide 2.0 soit le plus honnête possible fera de vous un bon influenceur. Ce sont les leçons que j'ai retenues de mon parcours et que je vous partage aujourd'hui. Sans les influenceurs, je ne serais pas la femme accomplie que je suis désormais. Vous le savez, vous serez toujours dans mon cœur.

Il n'y aurait pas de bons influenceurs sans de bons managers. Désormais, influenceur est un métier et il faut être bien conseillé.

Merci et bravo à mon équipe, pour qui la tâche est loin d'être facile, mais qui donne tout au quotidien. Ils sont des dizaines dans l'ombre. Vous ne les voyez pas mais sans eux, rien ne serait possible.

Merci à mes amis, Lionel Stan, Cyril Hanouna, Stéphane Hasbanian, Stéphane Courbit, Hugues Dangy, Lionel Abbo, vous qui avez cru en moi.

J'ai également une pensée pour ma mère et ma grand-mère sans qui je ne serais pas là aujourd'hui. Un grand merci à elles pour leurs conseils, soutien et amour.

Enfin, mes princesses, ma vie, mon sang, mes filles : Shauna, Victoria et Shelly. Vous êtes les seules maîtresses de ma vie, je vous aime tellement.

Pour finir : seul on va vite, ensemble on va plus loin. L'aventure est loin d'être terminée.

Magali Berdah

SOURCES

X. BOUVIER, D. CAÏRA, et collectif. *Les réseaux sociaux - Retenir l'essentiel.* Ed. Nathan, 2018. 96 p. Repères pratiques.

COEFFE, Thomas. *Chiffres Facebook - 2018* (en ligne). BDM, 2018 (consulté le 4 avril 2019).

COEFFE, Thomas. *Chiffres Twitter - 2018* (en ligne). BDM, 2018 (consulté le 4 avril 2019).

DOKI-THONON, Guillaume. (Etude) Les influenceurs et les marques en 2018 (en ligne). Reech, 2018 (consulté le 3 mars 2019).

DUCHESNES, Danilo. *Comment rester visible sur Facebook malgré le changement de son algorithme* (en ligne). Daniloduchesnes.com, 2018 (consulté le 10 avril 2019).

HERVE, Ludwig. *Les 50 chiffres à connaître sur les médias sociaux en 2019* (en ligne). BDM, 2019 (consulté le 10 mars 2019)

PERRICHOT, Rozenn. *Chiffres Instagram - 2018* (en ligne). BDM, 2018 (consulté le 4 avril 2019).

PIGNOL, Juliette. *Chiffres YouTube - 2018* (en ligne). BDM, 2018 (consulté le 4 avril 2019).

STYLE, Maurice. *Combien gagne un influenceur Instagram ?* (en ligne). Mauricestyle.com, 2017 (consulté le 14 avril 2019).

VIRFOLLET, Emilie. *Instagram, les chiffres à connaître en 2018 dans le monde et en France.* Blog Digimind, 2018 (consulté le 2 mars 2019).

CRÉATION GRAPHIQUE
Philippe Brulin

ÉDITION
Laetitia Therm & Olivia Sarini

DIRECTION ÉDITORIALE
Grégoire Hueber

FABRICATION
Patricia Lutreau

Crédits photos
© Fifou pour les pages 17 (4e photo), 109, 118
© Ahmed Baddodh pour les pages 6, 13, 15 (4e photo), 97, 123, 127
et pour le rabat de couverture

Dépôt légal : juillet 2019
Achevé d'imprimer en Italie en juin 2019
ISBN : 978-2-35985-198-4